A.-V. DUNET

Directeur de la Revue Coloniale

La Sanglante Aventure Marocaine

Pourquoi sommes-nous au Maroc

Les causes secrètes de la guerre du Riff

Les responsables

Documents inédits

> Toute guerre de délivrance est sacrée ;
> Toute guerre d'oppression est maudite.
>
> Lacordaire (*Pensées*)

CHEZ L'AUTEUR

100, Rue Saint-Lazare, PARIS (9e)

Téléph. : Central 08-55

1926

its de traduction, de reproduction et d'adaptation réservés
pour tous pays

A.-V. DUNET

Directeur de la Revue Coloniale

La Sanglante Aventure Marocaine

Pourquoi sommes-nous au Maroc
Les causes secrètes de la guerre du Riff
Les responsables
Documents inédits

> Toute guerre de délivrance est sacrée :
> Toute guerre d'oppression est maudite.
>
> Lacordaire *(Pensées)*

CHEZ L'AUTEUR

100, Rue Saint-Lazare, PARIS (9ᶜ)

Téléph. : Central 08-55

1926

LÉONARD DE VINCI

— *Vous a-t-il parlé de son livre sur la science de gouverner ?*

ANTONIO GIUSTINIANI (Ambassadeur vénitien auprès du Vatican).

-— *Certes, plus d'une fois. Messer Nicolo Machiavelli veut plaisanter. Jamais il ne publiera cet ouvrage. Est-ce qu'on écrit sur de pareils sujets ? Donner des conseils aux gouvernants, dévoiler devant le peuple les secrets du pouvoir, prouver que tout gouvernement n'est qu'un abus de force caché sous le masque de la justice, mais cela équivaut à apprendre aux foules les ruses du renard, mettre aux agneaux des dents de loup ; que Dieu nous préserve d'une pareille politique !*

— Vous supposez, dit l'artiste, que Messer Nicolo s'égare et changera d'opinion ?

— Pas le moins du monde. Je suis de son avis. Il faut faire ce qu'il dit, mais ne pas le dire. Cependant, s'il publie son ouvrage, il sera seul à en souffrir. Les poules et les agneaux seront aussi confiants qu'ils l'ont été jusqu'à présent dans les lois des gouvernants, renards et loups, qui accuseront, eux, Nicolas de ruse et fourberie. Et tout restera invariable... au moins durant notre siècle, et pour le mieux dans le meilleur des mondes.

DMITRY MÉREJKOWSKY [1]

---

[1] *Le Roman de Léonard de Vinci.* — Traduction de Jacques Sorrèze. (Calmann-Levy, Éditeurs).

EXPLICATIONS

J'ai longtemps vécu au Maroc. J'aime ce pays sauvage, âpre et doux en même temps, sa pure lumière, ses larges espaces, ses lointains infinis, mélancoliques, évocateurs de troublantes réminiscences comme si les images amassées dans nos vies antérieures ou dans nos hérédités reprenaient force et vigueur dans cette atmosphère si singulièrement propice à la méditation...

J'aime ce peuple berbère, notre proche parent, qui sut résister pendant tant de siècles à tant de conquérants plus ou moins civilisés. Je l'admire et je le respecte d'avoir su conserver ses belles qualités d'intelligence, de franchise, de simplicité, d'honnêteté, de fidélité à la parole donnée, enfin de dignité; toutes ces belles qualités que notre civilisation nous a fait perdre. Son histoire nous indique qu'il fut *toujours* indépendant, qu'il n'accepta *jamais* l'autorité du Sultan et qu'il conserva, intacte à travers les siècles, une organisation sociale républicaine (la djemaa) qui, pour lui, a suffisamment fait ses preuves pour justifier son entêtement à n'en point vouloir changer.

Quel est l'officier ayant participé à la pacification du Maroc qui osera céler son admiration pour des chefs berbères tels que Ma-El-Aïnine, son fils El-Hiba, le vieux Moha ou Hammou et ses fils, Moha ou Saïd et Si Raho?

Un jour, en 1912, un colonel commandant un territoire du Maroc Oriental, jaloux des lauriers de ses camarades de l'Occidental dont, à l'époque, les hauts faits remplissaient les journaux de la métropole, ne résista pas à l'envie d'aller courir sa chance du côté de Reggou sur le versant sud du Moyen-Atlas.

Si Raho lui fit tenir le poulet suivant :

« Pourquoi cherches-tu à pénétrer chez nous? Quel intérêt as-tu d'y venir? Nous sommes de pauvres gens, il n'y a chez nous que des pierres, et notre seule richesse est notre liberté. Sache que jamais les Berbères n'ont connu de maîtres; les plus puissants sultans n'ont pu fouler notre sol impunément et nous ne recon-

naissons d'autre dominateur que Dieu qui nous a donné nos montagnes.

« *Je sais que vous êtes riches; on dit que vous êtes justes, alors cesse ton entreprise et si tu restes dans la plaine, nous vivrons en bonne intelligence. Sinon, la poudre nous départagera.* »

Le bouillant colonel ne se sentant pas en force ne s'aventura pas plus avant ce jour-là vers le refuge du fier Berbère.

Pendant qu'à Paris nos personnages consulaires et leur clientèle se gargarisent avec « l'esprit de Paix », les chefs militaires, au Maroc, engagent, à leur gré, sans contrôle, les destinées du pays. Un seul exemple montrera la légèreté avec laquelle des officiers jouent la vie de leurs troupes et le sort des territoires qu'ils administrent.

Le 13 novembre 1914, se déroula à Khénifra un drame atroce dont frémit pendant quelques jours le Maroc tout entier. Dans la Kasba de Khénifra, sentinelle avancée dans le Moyen-Atlas, vivait une garnison de huit cents hommes environ chargée de surveiller les Zaïan insoumis. Le colonel d'infanterie coloniale Laverdure, commandant d'armes, ne cachait pas assez son impatience de jouer un rôle plus actif. A deux reprises, le sage, prudent et habile général Henrys, commandant général des régions militaires, se rendant compte que le colonel « gagnait à la main » dut lui interdire formellement de sortir de son rôle d'observateur. Mais, sachant qu'un militaire vainqueur a toujours raison, le 13 novembre 1914, le colonel Laverdure, au petit jour, alla razzier, à Hel Herri, à 12 kilomètres au sud de Khénifra, le campement du vieux Moha ou Hammou, chef de la confédération Zaïane. L'opération réussit pleinement et facilement, les guerriers étant dispersés alentour; seules les femmes étaient au camp, dont on emmena les plus belles et le trésor de guerre (en or) du vieux chef.

Mais, en pays d'Islam, c'est toujours le décrochage qui coûte; l'opération n'est rien, c'est le premier geste du retour qui marque le commencement du drame. Un autre phénomène bien connu en Orient, c'est la rapidité de transmission des nouvelles qu'on ne peut s'expliquer, en dehors des signaux lumineux, que par cette science encore peu connue en Europe de la télépathie. A peine la colonne avait-elle, sous la protection de l'artillerie, abandonné le bivouac de Moha ou Hammou pour retourner à Khénifra, que les réguliers Zaïan se jetèrent sur elle, et... ce fut une horrible boucherie. Cette journée nous coûta 33 officiers, dont le colonel Laverdure, et 580 hommes. En quelques jours, le général Henrys, accouru à Khénifra, redressa la situation, ce qui motiva du résident général le télégramme suivant, rédigé par son chef de cabinet, le colonel Delmas :

Rabat, le 23 novembre 1914.

« Commissaire Résident général à général Henrys, Meknès.

« N° 4. 383 C. M.

« 1° Reçu vos 365 et 378 F. M. qui se sont croisés avec mon 4366 C. M. où je vous exprimais les sentiments que m'inspirent la rapidité, l'articulation et la vigueur de l'ensemble de vos mouvements et l'effort extrême donné par nos troupes.

« 2° Je ne doute pas que vous n'ayez tiré pour tous la leçon de l'inexcusable imprudence commise le 13, rachetée par morts au champ d'honneur qui empêchent seules d'en sanctionner les responsabilités, mais qui n'en font que mieux ressortir la sagesse de votre méthode et de ceux qui ont su, comme à Kasbah Tadla et à Lias, avoir la fermeté de résister aux entraînements et de comprendre comme vous que notre premier devoir envers le pays, dans les circonstances qu'il traverse, est de ne pas compromettre une situation si laborieusement acquise et *d'en finir avec l'école d'aventures et de recherches d'actions personnelles qui a fait tant de mal ici depuis deux ans*, et a cherché par des moyens inqualifiables à jeter le discrédit sur tous ceux qui se bornaient à remplir leur devoir en pleine abnégation et discipline. Je vous autorise à communiquer ces observations à tous ceux à qui vous le jugerez utile.

« *Le chef de Cabinet militaire,*

« Signé : DELMAS. » (1)

J'ai jugé utile à la manifestation de la vérité de rappeler cette aventure et de citer l'appréciation du résident général qui, lui-même, témoigne de l'habitude prise au Maroc par les chefs militaires de rechercher les aventures en ne considérant que les bénéfices qu'ils en pourront retirer pour leur carrière personnelle. L'histoire coloniale fourmille de précédents célèbres dont un des derniers avant la guerre fut celui du colonel Moll, en Afrique Equatoriale. Il faudra répandre cette triste vérité afin d'obliger les gouvernements, sous la poussée de l'opinion, à prendre des sanctions exemplaires, seul moyen d'abolir cette déplorable coutume. Car les « sanctions des responsabilités » dont il est question dans le télégramme résidentiel sont dérisoires. Avant l'affaire d'El Herri, deux grands chefs militaires furent, au Maroc, l'objet de mesures répressives pour des fautes qui coûtèrent la vie de nombreux soldats français.

Le premier en date fut le général de brigade Franchet d'Esperey (aujourd'hui maréchal de France) qui commandait alors le corps de débarquement. Il opérait vers Mogador contre la harka du Caïd Anflous, qui venait de partir en dissidence. Il subit des pertes sévères, qui s'aggravèrent du fait qu'il abandonna sur le terrain des blessés que les Marocains soumirent à d'horribles mutilations. Une campagne de presse obligea le résident général à renvoyer en France le général Franchet d'Esperey... qui reçut la troisième étoile, puis, quelques mois plus tard, le commandement du 1er corps d'armée à Lille.

---

(1) Le Colonel Delmas fut un des très rares honnêtes hommes ayant pu se maintenir dans l'entourage du maréchal et lui résister. Celui-ci l'appelait : « ma conscience ». Cela en dit long!

Peu après, Mangin, alors colonel, guerroyait vers le Tadla. Les 8 et 10 juin 1913, à Ksiba, une erreur tactique fut cause de pertes très élevées, dont le chiffre ne fut jamais publié.

Pour cacher la gravité de cet échec, qui risquait d'attirer des désagréments politiques au résident général, on enterra plusieurs cadavres dans chaque fosse. Le général Lyautey en reçut la nouvelle à Casablanca. Il « gueula » comme peut le faire un sourd, trépigna, cassa son mobilier, dont il passa les morceaux par la fenêtre. Toute la ville retentit de l'éclat de sa colère, mais il se borna à rapatrier le colonel Mangin, qui, lui aussi, reçut de l'avancement : on le nomma général !

Il faut convenir que de telles sanctions ne sont pas faites pour enrayer la passion des aventures personnelles chez les grands chefs coloniaux, — au contraire. (1)

En 1916-1917, pendant un an, j'ai servi à l'état-major du territoire de Taza. Sans trahir le secret professionnel, je puis extraire de mes souvenirs quelques faits qui éclaireront, pour les lecteurs de la métropole, des côtés obscurs des événements actuels.

Taza, dans la vallée de l'Innaouen, est une sorte de « pot de chambre » où viennent aboutir tous les orages, toutes les tempêtes éclatant sur le rivage Atlantique du Maroc Occidental. Si, l'été, on y enregistre les plus fortes températures (52° à l'ombre), par contre, l'hiver, la plus grande hauteur d'eau tombée y est constatée. Tous les nuages formés dans l'ouest marocain, attirés par le couloir de l'Innaouen, s'y refroidissent et viennent crever en trombes effroyables, inondant tout, détrem-

---

(1) Cela n'est pas nouveau d'ailleurs. Le général Changarnier écrivait, en effet, le 2 décembre 1841, de Blidah, au maréchal de Castellane :

« M. de Baraguey d'Hilliers espère bien recevoir la troisième étoile pour avoir ruiné presque toutes les troupes de la province d'Alger; cela sera d'un trop bon exemple pour qu'on y manque. »

pant les pistes, liquéfiant les montagnes comme fondent au soleil les mottes de beurre. Aucun déplacement n'est possible dans cette tourbe mouvante. En cette saison, pendant la guerre (c'est-à-dire avant la construction du chemin de fer militaire Fez-Taza) pour aller de Taza à Fez, 120 kilomètres environ, il fallait aller s'embarquer à Oran, en Algérie, à destination de Rabat ou Casablanca, puis remonter par le train dans l'intérieur.

Donc, l'hiver, à Taza, on était littéralement bloqué. C'est assez dire si, à l'approche des beaux jours, impatients de se dégourdir les jambes, les militaires préparaient joyeusement la « campagne de printemps ».

Au début de l'année 1917, le lieutenant-colonel Charlet, commandant le territoire de Taza, manifesta dans ses rapports à son supérieur hiérarchique, le général Cherrier, commandant la subdivision de Fez, son intention d'aller chatouiller les Guez-naïa dans le territoire desquels résidait la mehalla d'Abd-el-Malek, armée contre nous par les Allemands et les Espagnols. Le général Cherrier et son état-major, qui brûlaient eux aussi d'aller, une fois la belle saison arrivée, fouler les adorables tapis du bled fleuri, mais qui n'avaient pas, dans leur région, d'ennemi assez reluisant pour fournir un beau tableau de chasse et justifier un « communiqué » sensationnel, estimèrent que les troupes du colonel Charlet étaient insuffisantes pour se risquer, seules, si loin de leur base et que l'appui du « groupe mobile » de Fez était indispensable. Le général Cherrier prit donc, au printemps de 1917, le commandement des » Colonnes mobiles » de Fez et de Taza et s'en alla surprendre la mehalla d'Abd-el-Malek. Il y eut des tués, des blessés, des citations, des propositions; toutes les règles du jeu furent parfaitement observées. Puis chacun rentra chez soi : le général Cherrier à Fez; le colonel Charlet à Taza.

Mais celui-ci n'avait pas digéré l'affront d'avoir, dans le territoire de son commandement, marché en sous-ordre dans une opération de guerre. Quelques jours plus tard, sans rien dire à ses chefs, il réunissait à nouveau son « groupe mobile » et reprenait le chemin des Gueznaïa, où nous campâmes, à Souk el Had, exactement à l'endroit précédemment occupé par le général Cherrier. Comme toujours en pays d'Islam, tout se passa très bien à l'aller. Le lendemain, en sortant de la « tente-popote », le colonel nous dit, en indiquant du doigt un point de l'horizon : « Demain nous irons voir ce qu'il y a derrière cette montagne. »

Quel pouvoir terrible et formidable que celui d'un chef militaire qui, pour une fantaisie, d'un geste, fait tuer des hommes et dépenser des sommes énormes en fumée !

On alla donc, le lendemain, jusqu'à la montagne qui avait eu la faveur d'attirer l'attention du colonel. Ce fut, comme on dit en argot militaire, un « pépin ». Nous subîmes tout de suite des pertes douloureuses; nous dûmes rapidement songer au retour qui fut « une conduite de Grenoble ». Et nous vécûmes pendant huit jours, sous une fusillade ininterrompue, assiégés dans notre bivouac. Un miracle seul nous permit de nous échapper et de rentrer à Taza. Si la pluie qui tomba un moment avait persisté, nous étions tous perdus.

Une politique indigène déplorable, qui faillit d'ailleurs nous faire perdre toute la région, avait eu pour résultat d'envoyer en dissidence une tribu ralliée depuis assez longtemps et qui eut l'occasion de causer quelques pertes au groupe mobile de Taza. Un jour, le capitaine Bonichon, du service des étapes, fut tué aux côtés du colonel Charlet. Celui-ci, rageur, rédigea une lettre pour le commandant d'Armes de Taza qui fut portée sur le champ par le capitaine commandant la compagnie montée de la Légion étrangère, accompagné de son unité. C'était l'ordre de faire rechercher dans la ville de Taza tous les travailleurs indigènes originaires de la tribu coupable et de les livrer à la compagnie montée. On en trouva une centaine que celle-ci conduisit sur le territoire de leur tribu et fusilla sans autre forme de procès.

*
* *

A la même époque, deux jeunes gens âgés de 15 à 16 ans, rencontrés dans les rues de Taza, furent soupçonnés d'appartenir à la tribu chassée de cette ville par les troupes françaises et qui campait au-delà de nos lignes, à 3 kilomètres de son ancienne résidence. Le lieutenant-colonel Badbédat les confia à deux moghazenis avec ordre de les tuer sur la ligne de crêtes gardée, le jour, par nos sentinelles et réoccupée, la nuit, par les dissidents.

Peut-on s'étonner qu'avec une telle politique, à la première occasion, les indigènes se révoltent ?

*
* *

Puisque les hommes en place sont si peu susceptibles d'entendre un langage humanitaire, parlons-leur de l'intérêt de la France, peut-être (je n'en suis pas sûr), comprendront-ils.

L'intérêt d'une nation n'est pas de semer la haine et l'esprit de représailles parmi les peuples dont, contre leur gré, elle occupe les territoires. Non seulement son devoir, mais son intérêt bien compris, lui commandent de traiter avec justice et bonté les populations prétendues inférieures qu'elle domine par la force. Le bien attire le bien; le mal attire le mal. Par la force, on n'obtient jamais un résultat sérieux et durable.

Au Maroc, on a réalisé ce paradoxe d'arabiser les Berbères. On les a contraints d'apprendre la langue arabe afin de causer avec nos officiers de renseignements et interprètes, qui ne connaissaient pas un mot de la langue berbère. N'était-il pas plus simple de leur parler en français ? On leur a donné des caïds et des cadis qui, selon l'habitude, les exploitent en leur imposant des coutumes qui leur répugnent et qu'ils avaient toujours refusées des sultans impuissants à les soumettre.

Malgré tous nos procédés destructeurs perfectionnés, nous n'avons guère été plus capables de les réduire, puisque nous n'avons rien trouvé de mieux, dans le Moyen-Atlas, que le *blocus économique* (1), auquel s'ajoute !es randonnées d'aviateurs qui vont, sur les marchés, écraser les populations pacifiques sous leurs bombes.

Croit-on que, lorsque seront réduits ou supprimés tous les foyers de la résistance berbère, la France n'aura plus qu'à jouir en paix de ses nouvelles conquêtes ? Les hommes qui, en France, ont aujourd'hui un demi-siècle d'existence et dont l'éducation se fit sur l'air de la revanche, savent quelle haine, quelle rancune demeurent au cœur du vaincu. Quand ce vaincu est un Berbère que nul, depuis des siècles, n'a pu soumettre, on se doute du feu vengeur qui doit couver en lui.

J'entends l'objection, celle qu'on répète sans cesse à la Chambre, à défaut d'arguments, aux « défenseurs des indigènes » : « Alors, il faut évacuer ? » Je réponds : non, car la question est loin d'être simple. Mais je dis à nos gouvernants : Prenez au sérieux votre rôle de civilisateur, de frère aîné; enseignez le bien à ces populations figées dans le passé; attirez-les à vous par la bonté, la bienveillance, l'équité, et surtout la Justice, car, comme tous les hommes simples et sains, les Berbères se révoltent à la moindre injustice, — et Dieu sait s'ils ont la rancune tenace ! Aidez-les à mettre en valeur les richesses naturelles de leur sol, à les exploiter, mais sans oublier de partager avec eux et non au seul profit des quelques gros capitalistes qu'on retrouve partout. Cessez de considérer les hauts postes coloniaux comme des valeurs d'échange de la politique, soit pour faire plaisir à un camarade, soit pour acheter un adversaire.

Supprimez le Protectorat du Maroc, — fiction commode pour permettre le pouvoir absolu d'un haut fonctionnaire français sur les indigènes et les colons européens, — qui est des plus néfastes

---

(1) On a nié, à la Chambre, le blocus de la famine; j'affirme que, pendant la guerre, on organisa le « blocus 'économique » pour empêcher les Berbères irréductibles de se ravitailler!

aussi bien aux indigènes qu'à la France. Faites représenter les indigènes au Parlement, et facilitez, encouragez la naturalisation qui permettra aux éléments étrangers et aux indigènes musulmans et israélites de choix de se fondre dans l'élément français qu'ils renforceront et dont les intérêts deviendront les leurs. Sinon, tôt ou tard, vous verrez ces colonies nous échapper, comme c'est le cas pour la Tunisie dont la population italienne augmente dans des proportions formidables et menace de tout submerger.

Soyez libéraux : appliquez aux autres les grands principes du Droit, de Justice, d'Egalité, que vous exigez pour vous-mêmes, et vous supprimerez les agitateurs, en supprimant leurs revendications.

Donnez de bon cœur ce que vous serez obligés, par force, d'abandonner tôt ou tard, et tâchez de profiter de l'expérience de l'Egypte qui, petit à petit, réforme après réforme, a fini par obtenir son indépendance.

Rappelez-vous que les Berbères du Maroc n'oublieront jamais que nous leur avons ravi leur liberté; à l'occasion, ils trouveront des alliés dans les membres du Maghzen qu'ils n'aimaient pas beaucoup pourtant avant l'occupation française.

Le Maghzen, c'est l'ensemble des personnages marocains musulmans composant le gouvernement et la haute administration. Cela forme une sorte d'aristocratie ayant des coutumes, des usages, des façons, des attitudes et même une tenue qui les distinguent du reste de la population. Les personnages maghzen étaient extrêmement fiers de leurs privilèges, de leur autorité. Depuis l'occupation française, ils ne possèdent plus que le titre de leurs fonctions; les fonctionnaires français gouvernent et administrent d'une façon absolue. Tout fonctionnaire indigène qui hésite à obéir passivement est non seulement révoqué, mais souvent mis à l'ombre jusqu'à la fin de ses jours.

Croit-on que ces hommes intelligents, fins, instruits, orgueilleux et rancuneux subissent sans ressentiment leur rôle inférieur ? Vienne un rogui comme il en naît périodiquement au Maroc, et les révoltes de la Kabylie deviendront des incidents sans importance à côté de ce que sera la guerre sainte marocaine !

Croit-on que les fiers Maures, descendants des conquérants qui envahirent, voilà quelques siècles, l'Espagne, l'Italie et la France, et qui conservent avec orgueil, accrochée dans leur maison de Fez ou de Salé, la clef de leur château de Grenade, croit-on que ces nobles seigneurs acceptent avec résignation leur actuelle situation subalterne, passive et vexatoire ?

Consuls ! ne vous endormez pas sur votre proie ; méfiez-vous de son réveil si vous ne changez pas les hommes et les méthodes. Votre intérêt vous commande d'être honnêtes, bienveillants, justes et humains. Songez-y !

C'est sans doute parce que j'aime le Maroc et ses habitants que j'ai souffert des erreurs, des fautes et, disons tout, de l'incapacité, de la malhonnêteté de certains Français chargés de l'administrer. Au lieu de nous faire aimer, ils nous font haïr. Il ne faut *jamais* donner trop d'autorité aux hommes, *toujours* ils en abusent et à leur seul profit. Quand, en mai 1912, le général Lyautey fut nommé commissaire résident général de France au Maroc, il toucha le but que, tout jeune officier, il s'était assigné : il allait jouer un rôle sur la grande scène du monde ! Et dès lors, il ne songea plus qu'à tout mettre en œuvre pour faire consacrer par le monde entier sa réputation personnelle.

Une courte citation suffira pour faire comprendre le rôle néfaste du maréchal Lyautey dans l'aventure marocaine. Cet homme ambitieux, avide de jouer un rôle, étudia et copia un de ses anciens ayant réussi : Galliéni, et reprit à son compte cette formule de son maître :

« Le fonctionnaire français, général ou préfet, ne craint qu'une chose, les idées générales et les vues à longue portée ; je leur sers donc des plats pour leur estomac, je leur rapetisse tout ce que je fais, j'avance en cachette, en louvoyant, en atténuant toujours la portée des choses, en donnant comme mesure de simple police, de détail, *de rectification de commune,* mes actes les plus osés, et, en somme, les plus révolutionnaires : et alors, ça passe. »

Il faudra, tout à l'heure, se souvenir de cette phrase quand nous étudierons les origines de la guerre du Riff qu'il présenta, en effet, « *comme mesure de simple police, de détail, de rectification de commune !!!* »

*
**

Comme d'autres, j'ai subi le charme incontestable, le magnétisme de cet homme. Comme d'autres, à première vue, j'ai mis sur le compte de son entourage les fautes, les crimes commis sous son règne. Ensuite, petit à petit, mes yeux se sont dessillés ; bien placé, pendant une partie de la guerre, pour voir et entendre, j'ai pu me convaincre du danger que la France courait en laissant le riche Maroc (jouet détraqué) entre les mains du débile vieillard. Et je me suis tracé le devoir de faire connaître la vérité, toute la vérité. Sur place d'abord, me jetant en pleine bagarre, j'ai écrit tout ce que je savais et pensais. Puis, à Paris, dans la *Revue Coloniale,* j'ai continué en signalant surtout, un an à l'avance, les préparatifs de la guerre du Riff. J'ai mis en garde, naïvement, à plusieurs reprises, le président du Conseil, M. Herriot, par lettres personnelles, et publiquement, dans l'organe que je dirigeais. On verra par la suite que le maréchal Lyautey et M. Herriot étaient d'accord pour jouer chacun leur partie dans ce drame secret. La raison de la complicité, au moins tacite, de M. Herriot ? Si le Bloc des gauches n'avait pas triomphé le 11 mai 1924, le premier repassait au second sa bonne place de Rabat. Il y a aussi autre chose : Est-ce que le maréchal Lyautey n'a pas réservé *toutes* les bonnes affaires du Maroc à cette même banque de Paris qui traita avec M. Herriot (sur quelles bases?) le financement de la campagne électorale de 1924?

Donc, M. Herriot était sous la dépendance de M. Lyautey.

*
**

Le maréchal sut recruter une armée de défenseurs acharnés grâce aux fonds secrets dont il faut bien parler un peu pour expliquer le silence concerté de la presse.

Un ancien ministre, qui connaissait bien l'état de décomposition de la « Cour » de Rabat, s'étonnait devant moi, après avoir étudié les différents budgets du Maroc, de ne pas trouver trace des sommes énormes dépensées chaque année par la Résidence pour sa politique personnelle.

Cela demande quelques explications.

Il existe, à Rabat, trois sortes de fonds secrets : les « fonds spéciaux », les « fonds de pénétration » et les « fonds politiques ».

Les « fonds spéciaux », qui s'élevaient déjà, avant 1914, annuellement, à trois millions, servaient d'argent de poche au maréchal. Un officier de son cabinet militaire en était le trésorier. Si vous avez été reçu un jour à la « Cour », et bien traité, ne criez pas à la générosité du résident général : c'est le contribuable français qui payait. Sur ces trois millions, le cabinet civil parvenait à arracher au cabinet militaire quelque menue monnaie pour encourager de besogneux thuriféraires de la presse ou des mouchards des groupements avancés. Mais les « services » importants, par exemple les atroces campagnes de diffamation entreprises par des folliculaires locaux contre la presse indépendante étaient payés sur les « fonds de pénétration ».

Les « fonds de pénétration » sont destinés, en principe, à acheter des complicités dans le camp des dissidents indigènes. En réalité, du temps du maréchal, ils servaient à tout autre chose. Aussi, pour sauver les apparences, établissait-on presque

tous les mandats de paiement aux noms des quatre grands seigneurs de l'Atlas : El Glaoui, M'Tougui, El Goundafi et El
Hayadi.

Quand l'argent était destiné à arroser un directeur de journal
ou un éditeur de la métropole, les mandats étaient établis au nom
d'un employé de l'Office du Maroc à Paris, et l'argent était re-
mis à l'heureux bénéficiaire par M. Vincenti-Piobb, qui, généreux à peu de frais, glissait, en outre, un billet de 500 francs au
journaliste chargé, dans la maison, de faire passer les « papiers »
rédigés rue des Pyramides.

Durant l'hiver 1923-1924, un mandat de 50.000 francs fut
établi au nom de M. A. T...r, bien connu dans les milieux africains, pour indemniser un éditeur de la rive gauche qui consentit,
à ce prix, à ne pas publier un livre véridique sur le Maroc,
malgré un contrat en bonne et due forme.

Les « fonds de pénétration » s'élèvent annuellement à six millions. Le résident général n'a de comptes à rendre au sujet de
leur affectation qu'au président du Conseil. C'est un contrôle
bien illusoire !

Il reste à parler des « fonds politiques ». Ils sont mis à la
disposition du Service des renseignements et des Affaires indigènes du Maroc par l'état-major général de l'armée, et sont destinés
en principe, ainsi que les fonds de pénétration, à acheter les
consciences indigènes. Mais, tandis que les « fonds de pénétration » sont détenus par l'entourage immédiat du résident pour les
besoins de la politique intérieure, les « fonds politiques » sont
distribués aux officiers de renseignements, chefs de bureau, afin
de faciliter leur politique indigène. Ces officiers doivent rendre
compte à la Résidence de l'utilisation des fonds politiques.

Il y a lieu de signaler, enfin, cette mystérieuse « *Caisse des
amendes* », institution diabolique et prime formidable à la pa-
resse et à la cupidité pour des officiers ou contrôleurs livrés à
eux-mêmes, sans surveillance, dans les postes isolés du bled.

Qu'un indigène soit seulement soupçonné de s'être rendu coupable d'un méfait quelconque, au lieu de rédiger des rapports, de constituer des dossiers, on lui inflige, sans jugement, une amende qui vient grossir une caisse noire dont les entrées et sorties échappent à toute justification ou vérification.

Pratiquement, le contenu de cette caisse est illimité. Où va tout cet argent ?

Et, au point de vue de la politique indigène, n'y a-t-il pas là un gros danger ? Pour être bien notés, les officiers de renseignements ne sont-ils pas tentés, afin de grossir leur caisse des amendes, d'abuser de cette punition facile à infliger et non contrôlable, au risque de mécontenter et détacher de nous leurs ressortissants ?

*
**

Pour expliquer l'ignorance du public en matière marocaine, il fallait bien parler des fonds secrets qui permirent au Cabinet Civil de manier, au gré de ses intérêts, toute la grande presse (même la presse politique, quelle que soit son étiquette), qui n'accepta jamais d'insérer une information véridique sur le Maroc. J'en ai fait la triste expérience. La fameuse lettre adressée par M. Vatin-Pérignon, chef du Cabinet Civil du maréchal Lyautey, au neveu de celui-ci, et que la grande presse se garda bien de publier *in extenso*, suffit aux initiés pour les aider à comprendre les origines de la guerre du Riff. (1)

*
**

Une fois le maréchal Lyautey remplacé au Maroc, j'aurais sans doute, comme d'autres (qui le servaient quand il était puissant et généreux), pu trouver plus d'hospitalité dans les colonnes de la grande presse, mais, tant qu'on se battait, ma conscience

---

(1) Voir plus loin la lettre de M. Vatin-Pérignon, lue à la Chambre par M. Doriot.

hésita... et puis je voulais croire à la sincérité de MM. Briand et Painlevé, que j'avais entendus affirmer solennellement à la tribune de la Chambre leur volonté de paix. Mais le 31 décembre dernier, en lisant le compte rendu des débats de la Chambre des Députés de la veille, j'ai compris que M. Briand ne désirait pas traiter, mais gagner du temps jusqu'au printemps, où l'on pourrait écraser le Riff.

Alors, je suis sorti de ma réserve et ai fait, dans des milieux de gauche, une conférence que l'on m'a demandé de publier. On la trouvera plus loin. C'est le résultat d'un travail rapide, bâclé, qui peut-être ne met pas assez en valeur les points susceptibles d'éclairer le lecteur non préparé. C'est l'excuse des explications personnelles qu'on vient de lire. Au cours d'une conférence, on peut, verbalement, souligner, développer, expliquer certains passages qui, imprimés, peuvent sembler obscurs. J'essaierai d'y remédier dans des renvois, en bas de page, et aux annexes.

CONFÉRENCE

La Sanglante Aventure Marocaine

La reine d'Espagne Isabelle la Catholique avait écrit dans son testament : « Je prie la Princesse, ma fille, et le Prince son mari, et je leur ordonne d'obéir entièrement aux commandements de notre Sainte Mère l'Eglise, et d'être ses protecteurs et défenseurs, comme c'est leur devoir; *de ne pas cesser de poursuivre la conquête de l'Afrique et de combattre pour la foi contre les infidèles; et de toujours prendre en main les intérêts de la Sainte Inquisition contre la dépravation hérétique.* » (1)

Si, à la fin de sa vie, le vieux cardinal Cisneros parlait encore de planter la croix de Jésus-Christ dans les principales villes de l'Afrique, c'était à la suite de la décision du pape Alexandre VI, le tristement célèbre Rodriguez Borgia, qui, sollicité d'arbitrer le différend existant entre les Portugais et les Espagnols à la suite de la découverte de nouvelles terres, avait, en 1494,

---

(1) La question du Maroc au point de vue espagnol, *par Gabriel Maura, député aux Cortès.* — (Revue coloniale, avril 1910, n° 85.)

partageant le monde entre ces deux peuples, attribué à l'Espagne la presque totalité du territoire africain.

Et, dès 1497, l'Espagne s'empare de Mellila, puis de Mazalquivir, du Peñon, de Velez de la Gomera, d'Oran, de Bougie, d'Alger, de Tunis, de Tlemcen et de Tripoli.

Depuis le XV⁰ siècle, donc, avec des alternatives de succès et de défaites, l'Espagne se bat en Afrique. Et elle ne s'y bat point tant pour conquérir des territoires que pour étendre la domination catholique. Car les théories officielles sur la nécessité de la colonisation sont d'invention aussi récente que les produits que les peuples dits civilisés sont censés aller chercher dans les pays dits arriérés. Il n'y a que quelques années, en effet, que les Européens cachent leur esprit de conquête derrière le besoin de se procurer du caoutchouc, du coton, de la soie, etc...

L'exemple de l'Espagne nous montre particulièrement que ces conquêtes, outre qu'elles sont inhumaines, sont toujours très onéreuses. Un écrivain espagnol, M. Galindo y de Vera, a écrit, à ce propos (1) : « On agitait alors (en 1764) dans le conseil la question de savoir si, en raison des dépenses qu'occasionnaient nos possessions d'Afrique, il ne conviendrait pas de les abandonner, à l'exception de Ceuta et d'Oran. Plusieurs étaient favorables à cet abandon ; d'autres étaient d'avis que, la guerre étant la cause originelle de ces dépenses, il fal-

____

(1) *La question du Maroc au point de vue espagnol*, par *Gabriel Maura, député aux Cortès*. — (Revue coloniale, avril 1910, n° 85.)

lait faire la paix avec les Marocains. Cette dernière opinion fut admise en principe et on songea sérieusement à entrer en négocations. »

L'expérience des autres n'ayant jamais profité à personne, nous voyons l'Espagne continuer actuellement à s'user dans le Riff que, tout récemment, elle songea à évacuer tout comme en 1764. Il n'y a guère plus d'un an elle se replia sur la côte et rapatria presque toute son armée d'Afrique. Mais, comme toujours, un mauvais génie la fit revenir sur cette sage décision et reprendre une nouvelle campagne. Ce proche exemple est le plus typique, car le chef du Directoire, Primo de Rivera, avait surtout fait son coup d'Etat pour protester, a-t-il dit, contre la prolongation de la guerre du Maroc (1). Nous rechercherons tout à l'heure quels ont pu être les motifs assez puissants pour modifier aussi radicalement son opinion.

Un homme d'Etat espagnol, Gabriel Maura, fort compétent sur la question, a écrit que : « A partir de 1830, le voisinage des Français réveilla les méfiances et les haines des Marocains contre tous les Européens; les actes de piraterie se multiplièrent et les attentats au droit des gens, ainsi que les violations de frontière, aux alentours des « présides », se répétèrent fréquemment. »

---

(1) *Il déclara à Séville :*

« On ne peut dissimuler à personne — et je le dis en tant qu'homme de gouvernement, ayant conscience des responsabilités que j'assume — que, ni maintenant, ni jamais, nous ne pourrons avoir en Afrique un avenir économique, et qu'il serait, par conséquent, insensé d'y sacrifier l'or et le sang de nos enfants.

« Ce sera bientôt terminé et, en disant ceci, je sais ce que je dis. »

Ceux qui étudièrent l'histoire de la conquête de l'Algérie et qui connaissent, par conséquent, les excès commis par l'armée française d'Afrique, ne seront pas surpris d'apprendre que « les méfiances et les haines des Marocains contre tous les Européens » datent de cette époque (1).

Aussi bien avons-nous l'impression, en rappelant nos souvenirs, que déjà, à cette époque lointaine, nombreux étaient les Français qui songeaient à étendre leur conquête sur le Maroc (2). Nos manuels d'histoire ne nous enseignaient-ils pas que les Marocains étaient des voisins sauvages, insupportables, pillards, dont il faudrait tôt ou tard réprimer l'esprit d'indépendance si nous voulions conserver l'Algérie?

L'opinion publique fut donc préparée de longue date, insensiblement, au débarquement de Casablanca en 1907. Ce débarquement, de marins d'abord, puis de troupiers, fut motivé, croit-on généralement, par l'attaque d'indigènes contre les ouvriers français travaillant à la construction du port de Casablanca. En vérité, ce

---

(1) *Lire aux annexes les extraits de lettres d'officiers fort édifiantes à cet égard.*

(2) *En 1846, l'auteur d'un ouvrage d'histoire important : « L'Afrique Française » écrivait :*

« ...N'appartiendra-t-il pas quelque jour à la France de prendre une généreuse initiative dans les intérêts, qui s'allieraient si bien, de sa puissance extérieure et de la régénération d'une contrée dont l'histoire ancienne proclame l'immense richesse? Quelles que soient les réflexions que soulève actuellement l'examen de cette question, on peut prédire, avec certitude, que la conquête du Maroc sera, tôt ou tard, le corollaire obligé de notre occupation de l'Algérie. Il reste à voir si, dans nos intérêts politiques bien entendus, mieux vaut y subir le voisinage de l'Angleterre que d'y planter notre drapeau. »

n'était là qu'un prétexte, fort opportun, qui permettait à la France de commencer l'occupation de la partie du Maroc qui lui avait été attribuée par les traités secrets de 1904 et 1905, conclus avec l'Angleterre et l'Espagne.

En vertu du traité secret anglo-français du 8 avril 1904 (mettant au point et confirmant celui du 14 octobre 1903), la France avait les « mains libres » au Maroc, mais, en échange, abandonnait en faveur de l'Angleterre tous ses droits sur l'Egypte. Deux mois plus tard, le 12 juin 1904, la Banque de Paris et des Pays-Bas avançait au Gouvernement marocain une somme de 62.500.000 francs et recevait en garantie les droits de douane encaissés dans les ports. C'est le commencement de la main-mise sur le Maroc, consacrée par la création à Tanger d'un « tabor » de police, encadré par des officiers français. L'Espagne, invoquant ses droits historiques, protesta, ce qui donna lieu aux accords secrets des 3 octobre 1904 et 1ᵉʳ septembre 1905, qui lui attribuaient une zone d'influence comprise approximativement entre Larache, sur l'Océan Atlantique, et Cap de l'Eau, sur la Méditerranée, près de la frontière algérienne. Au sud de ce territoire, du côté de la zone française, la limite était assez vague et ne fut jamais fixée sur le terrain pour la raison bien simple que l'Espagne ne fut jamais en mesure d'occuper la zone qu'elle s'était fait reconnaître par la France et l'Angleterre. En principe, cette frontière doit suivre la ligne de partage des eaux entre le Sebou et l'Ouergha, contourner par le sud le bassin riffain de l'Oued-Kert, atteindre la Moulouya et la suivre jusqu'à la mer. Il est d'ailleurs très difficile de savoir où passe exactement cette limite, car les cartes officielles françaises sont elles-mêmes, entre elles, en désaccord à ce sujet. Ce manque de concordance donne lieu, quand on y réfléchit, à des observations fort curieuses et instructives sur l'origine de la guerre franco-riffaine (1).

Donc, en 1907, la France débarque à Casablanca; puis, en 1908, s'empare de la riche région de la Chaouïa et l'organise administrativement à l'aide des officiers des bureaux arabes algériens.

Jusqu'en 1911, gêné à l'extérieur par l'Allemagne et à l'intérieur par les socialistes, le gouvernement français interdit au général commandant les troupes débarquées de dépasser les limites de la Chaouïa, bornée à l'est par l'Oued-Néfifick, au sud et à l'ouest par l'Oum er Rbia. Mais, en 1911, le général Moinier, commandant en

---

(1) *Les cartes militaires dressées par le bureau topographique du maréchal Lyautey sont, à propos de la frontière du Riff, non seulement divergentes, ce qui est extrêmement grave, car — vendant trop tôt la peau de l'ours — on avança fort loin notre barrière, de façon, bien entendu, à englober les riches pâturages de l'Ouergha, mais la dernière carte éditée par l'état-major, en 1924, ne mentionne aucune frontière. Qu'est-ce à dire? Souvenons-nous que toute la presse inspirée rappelait, à cette époque (où l'Espagne, après de graves revers, avait décidé d'évacuer complètement le Maroc), que, en vertu des traités, la France était tenue de se substituer à l'Espagne défaillante.*

Si le maréchal Lyautey, plus jeune (...mais planter à cet âge!) et mieux conseillé, avait réussi la conquête du Riff, il est certain qu'il n'aurait pas déclaré l'avoir conquis par hasard et qu'il n'avait été amené à annexer cette riche région que parce qu'il avait dû faire face « aux infiltrations brusquement révélées des Riffains ». Pour tout dire, on avait supprimé, sur la carte, toute frontière afin d'être prêt à toute éventualité suivant qu'il eût été possible soit de la reporter très loin, soit d'oublier définitivement de la tracer.

chef, a la bonne fortune de voir arriver au gouvernement un de ses anciens condisciples du lycée de Toulouse, M. Cruppi. Il se rend à Paris et obtient, grâce à cette puissante camaraderie, des renforts et la permission d'aller dégager Fez assiégée, *ainsi que tous les ans à la même époque*, par les tribus des environs. Dès ce moment, les événements se précipitent. Partout la France installe des postes militaires, nomme des caïds de son choix, et gouverne et administre à l'aide de ses bureaux arabes baptisés « bureaux de renseignements ». Sur quatre capitales impériales, la France en occupe trois : Rabat, Meknès, Fez. La prise de possession est assurée, il ne restera plus qu'à faire la « tache d'huile » pour qu'elle soit complète. On le croit du moins, et à bon droit, quelques milliers d'hommes ayant suffi à faire cette rapide conquête.

Le Ministre de France à Tanger, M. Regnault, se rend à Fez pour négocier avec le sultan Moulay-Hafid en vue de l'amener à signer un traité chargeant la France d'établir son protectorat sur le Maroc. Après avoir usé de faux-fuyants, des difficultés politiques et financières surtout, ainsi que l'accord franco-allemand du 4 novembre 1911, obligent le sultan à passer par la volonté de la France qui, d'ailleurs, lui fait tenir un ultimatum par son représentant à Fez. Moulay-Hafid signe le traité du protectorat le 30 mars 1912.

* **
** *

C'est alors que le général Lyautey est nommé commissaire résident général de la France au Maroc. Il débarque à Casablanca le 12 mai de la même année. Treize jours plus tard il est à Fez où, aussitôt, il se préoccupe de se débarrasser du sultan Moulay-Hafid, trop peu souple, et de lui donner un successeur fictif (1). A cet effet, on rechercha, dans la nombreuse descendance de Moulay-Hassan, le prétendant éventuel le plus nul, le plus pauvre, le plus inoffensif. Et on choisit Moulay-Yousef, modeste personnage, qui fut et resta tout ahuri de la merveilleuse aventure. On le combla de richesses, de palais, de femmes; on le gava, on l'annihila. On ne lui traduit même plus aujourd'hui les dahirs (lois) au bas desquels on l'oblige à apposer sa signature. Mais le général Lyautey respecta le cérémonial impérial, l'exagéra, l'amplifia. En même temps que cela satisfaisait son besoin maladif de cabotinage, cela donnait aussi aux visiteurs européens l'illusion de la puissance du Sultan.

Nous sommes obligés ici de faire un retour en arrière. Depuis 1907, trois sultans se sont succédés au Maroc. Le premier, Abdel Aziz, sultan légitime, fut battu, le 22 août 1908, au sud de Settat, par son frère Moulay Hafid, khalifa du sultan à Marrakech, qui, s'étant proclamé dans cette ville, alla se faire également reconnaître à Fez, capitale du Nord. Son succès fut facilité par la désaffection des tribus envers le sultan Abd-el-Aziz, coupable d'entretenir des relations cordiales avec nous.

---

(1) *Il est utile de rappeler ici l'art. 3 du traité du Protectorat par lequel le gouvernement français s'était engagé à prêter un constant appui au sultan contre tout danger menaçant sa personne ou son trône : simple chiffon de papier!*

La France laissa son allié se faire battre et ne mit aucun empêchement à l'avènement de son frère. Elle déposa ensuite ce dernier, qui n'avait aucune disposition pour trahir son pays, et elle le remplaça par un *minus habens* qui laissera tout faire.

Non seulement on obligea Moulay-Hafid à abdiquer « pour raison de santé », mais on l'exila. Et, dans la barque qui l'emmenait vers le navire désigné pour l'emporter en France, le sultan détrôné, afin de bien marquer qu'avec la disparition de l'insigne impérial se terminait et sa dynastie et l'empire du Maroc, brisa le parasol qu'un haut fonctionnaire de sa cour tenait dévotement au-dessus de sa tête (1).

Il était utile d'insister sur ce point pour indiquer le peu de solidité de l'argument officiel qui consiste à traiter Abd-el-Krim de rebelle envers le « Sultan légitime ».

Le Sultan légitime, c'est Abd-el-Aziz, qui vit aujourd'hui modestement à Tanger.

Mais la légtimité même d'Abd-el-Aziz est-elle si sûre que cela? L'histoire de sa dynastie va nous fixer. Je l'emprunte à M. Gabriel Maura, député aux Cortès, déjà cité :

« Sous le règne des Mérinides, on avait vu peu à peu s'accroître la puissance et l'esprit d'indépendance d'une famille chérifienne, descendante de Mohamed (frère d'Idriss Ier), qui constituait également la souche primitive de la dynastie des Saadites. Mais sa prospérité remonte au temps d'Almanzor, qui, à la fin du XVIe siècle,

---

(1) *Quatre siècles d'Histoire marocaine*, par A.-G.-P. Marlin.

lui accorda, pour se l'attacher, des domaines féodaux dans la région du Tafilet. Pendant la période ANARCHIQUE, qui commence à la mort de ce khalife, Mohamed, appelé le Chérif, étendit ses domaines dans toute la contrée. Mais en 1634, il fut fait prisonnier et tomba au pouvoir de Bou-Hassan, marabout Chazuli, qui avait réussi à se rendre indépendant dans le Souss.

« Mouley Mohamed, fils du Chérif, continue son œuvre en étendant ses conquêtes vers le nord et en formant un tout petit royaume, avec Oudjda pour capitale. Alrachid, son frère, est le vrai fondateur de la dynastie Filali, régnante aujourd'hui. Redoutant les jalousies fraternelles, à peine son père fut-il mort qu'il s'enfuit de la cour de Mohamed et, tantôt protégeant les caravanes, tantôt les pillant, il forma à son tour un parti politique qui ressemblait plutôt à une bande de voleurs de grands chemins. Une nuit, ayant posté ses partisans dans le voisinage, il demanda l'hospitalité à un juif très riche qui habitait non loin de Taza. L'Israélite la lui accorda volontiers et, pendant qu'il dormait, fut assassiné par Alrachid, qui s'empara de toutes ses richesses. Son pouvoir ayant été ainsi consolidé, il offrit la bataille à son frère, le tua et mit ses troupes en déroute. Il négocia des traités de paix avec les Turcs, avec les *Riffains* (1) et avec Louis XIV, et, après trois tentatives infructueuses, il parvint à pénétrer à Fez le 27 mai 1667.

---

(1) *Il y a deux siècles et demi, le Sultan du Maroc considérait donc le Riff comme une nation étrangère au même titre que la France et la Turquie.*

« Telles ont été les conditions peu édifiantes de l'avènement de la dynastie actuelle, dont les khalifes sont des monarques de droit divin. »

C'est toujours la loi de la jungle qui triomphe. Toute l'histoire du Maroc est remplie d'aventures semblables. Est sultan celui qui s'empare du pouvoir et le conserve (1). Il en est de même, d'ailleurs, partout, et, en France, sans remonter à Clovis, fondateur de la monarchie franque, plus près de nous un guerrier ne se fit-il pas sacrer empereur? Et son neveu, cet aventurier, n'en fit-il pas autant?

Mais le général Lyautey lui-même, n'ayant pu réaliser son rêve en France, ne s'était-il pas, au Maroc, créé, en fait, un empire? Tout le monde sait comment on nommait là-bas son palais : le personnel de la Résidence générale ne le désignait que par ce vocable : « La Cour »! Et le résident général : « Le Prince »!

Il créa de toutes pièces, dans la banlieue de Rabat, une ville administrative, dénommée par lui : « la Ville-Cerveau » et qui coûta plus de 200 millions; la construction de sa villa personnelle s'éleva à 9 millions et l'aménagement intérieur à 5 millions. Ses automobiles

---

(1) *A propos de la légitimité du pouvoir en pays d'Islam, M. P. Christian, après avoir étudié le Koran, écrivait ceci, dans son bel ouvrage « L'Afrique Française » :*

« ...Tout usurpateur succède aux droits du souverain quand la volonté de Dieu, c'est-à-dire le succès, a légitimé son usurpation. Le fait, dans ce cas, est synonyme de droit, et le peuple passe bientôt avec la Providence dans le camp de l'usurpateur heureux : « La légitimité, disent les docteurs arabes, s'acquiert par le triomphe des armes et par l'exercice de l'autorité souveraine. » Ce principe donne la clef de toutes les révolutions qui ont traversé l'existence des dynasties musulmanes. »

personnelles figuraient au budget pour 1.250.000 francs dont 405.000 francs pour le renouvellement des voitures; il avait quinze officiers à son cabinet militaire et dix-huit attachés à son cabinet civil; son cheval coûtait 53.300 francs par an. Enfin, sa garde-robe comportait cent vingt tenues militaires, quatre-vingts costumes civils, cent quarante paires de chaussures et quarante-cinq képis (1).

Pour expliquer le Maroc, sa situation économique et militaire, il faut étudier le maréchal Lyautey, qui traita le budget du Maroc comme sa fortune personnelle.

Nous n'avons pas le temps d'envisager la situation économique de ce pays et de rechercher les causes de la crise profonde dont il souffre, mais, tout de même, à propos de son résident général, nous ferons quelques incursions dans ce domaine.

Il ne faut pas le nier, le maréchal Lyautey eut des qualités (plus brillantes que solides). Mais avec l'âge, et l'adulation de ses courtisans aidant, ses qualités ont disparu laissant la place à ses seuls défauts. Il devint atrabilaire, vindicatif, rancunier et entêté dans ses sottises. Le Maroc, c'était sa chose! Gare à ceux qui s'y permettaient d'avoir des idées personnelles! Il gouvernait ce pays comme le colonel Ramollot son régiment. Entier, intransigeant, il n'admettait pas qu'on discutât ses ordres

____

(1) *Notes sur la situation générale du Maroc, par François Berger.*

ou seulement ses idées; aussi, à Rabat, sa cour n'était-elle composée que de commis et de valets; aucun fonctionnaire de valeur et honnête n'a pu rester dans son entourage : avant la France, avant le Maroc même (son fief), il y avait lui, Lyautey! Toute discussion à propos de ses conceptions, de ses opinions, de ses décisions, la moindre hésitation même à le servir étaient considérées comme des critiques, comme des attaques envers sa personne, comme crime de lèse-majesté. Lorsque le colon, écrasé d'impôts exclusivement motivés par les dépenses somptuaires de la Cour du Maréchal, et à qui apparaissait le spectre de la faillite, tentait de timides remarques ou exprimait le désir de voir instituer le contrôle du budget, le maréchal s'écriait : « C'est de la politique! » Et la politique n'est pas un article d'exportation. En s'embarquant pour le Maroc, le colon a perdu tous ses droits et surtout ses garanties de citoyen français. La Résidence vous dit : « Ici vous n'êtes pas en France. » Aux territoriaux qui furent, pendant la grande guerre, envoyés au Maroc et qui s'étaient plaints à leurs députés de certains abus dont ils souffraient, le maréchal, les passant un jour en revue, leur déclara : « Si vos députés étaient ici, je les ferai foutre dans un silo! »

Au Maroc, Lyautey était un maître absolu. Aucun souverain au monde ne dispose d'une pareille autorité. Son despotisme s'étendait à tous les domaines; il trouvait des valets partout, car il faut vivre. Les tribunaux de première instance exécutaient littéralement les ordres de la Résidence, c'est ce qui explique le refus du pouvoir de créer des tribunaux de commerce dont les membres auraient pu échapper à son influence. Sous ce régime, un honnête commerçant ou industriel qui se permettait de penser par lui-même se voyait déclarer en faillite sur un simple protêt, alors que des escrocs de haut vol échappaient à toute sanction. Dans certains cas même le résident fit en personne des démarches pressantes auprès de grandes banques, soit pour leur faire abandonner des poursuites engagées, soit pour les inviter à consentir des découverts importants à des gens notoirement insolvables.

Dans le Maroc de Lyautey, il n'y eut jamais que des questions de personnes!

Que fit le résident général lorsqu'on lui remit le Maroc en toute propriété? Vous, moi, n'importe quelle personne ordinaire se serait dit : « Puisque ce pays ne produit rien et que son sol est riche, la première tâche à entreprendre va être d'attirer des braves gens de la campagne qu'on installera ici avec leur famille, qui s'y incrusteront et nous feront de belles moissons, de beaux troupeaux. Le jeune Protectorat a la chance de débuter à zéro, de n'avoir pas de dettes. Donc, il n'y a qu'à faire venir de bons paysans de France et à créer quelques centres de colonisation, et dans quelques années le Maroc ne coûtera plus rien à la Métropole; au contraire, il rapportera.

Mais ce qu'eût fait un administrateur de bon sens ne pouvait convenir aux visées ambitieuses du trop habile général.

D'abord, M. Lyautey est un aristocrate aux goûts recherchés et distingués. Il méprise les gens de peu, les ouvriers, les paysans, les personnes mal vêtues. Il aime les jolis garçons, élégants, de caractère gai et de mœurs faciles. Quand, au Conseil de Gouvernement, un haut fonctionnaire proposait, au début du Protectorat, la candidature d'un jeune homme à un poste de la Résidence, le général posait la question préalable : « A-t-il une belle gueule ? »

Il fit une publicité effrénée en faveur du nouveau Protectorat qu'il lança comme une spécialité pharmaceutique. Il attira des capitalistes et des gens du monde, des politiciens et des hommes de lettres qu'il caressa, enjôla avec une coquetterie, un art, très féminins. Il se créa des partisans dans tous les milieux sociaux, dans tous les partis, même chez les socialistes. Il est si généreux ! C'est le moment de rappeler cette anecdote qui lui laissa quelque amertume. Un jour (c'était avant la guerre) vint lui rendre visite un ancien député, un peu rouge, du Midi. Suivant l'habitude, le général offrit ses services ; l'autre avait justement une demande toute prête : le monopole du Mont-de-Piété. Sur-le-champ, le général signa tout ce qu'on voulut. Le jour même, l'ancien député vendait son monopole 300.000 francs.

Le bluff de la résidence réussit ; on se rua sur le Maroc. Pendant la guerre, le beau monde vint s'embusquer dans les villes de la côte où l'on gagnait plus facilement qu'au front, et sans risque, croix et galons. Le général se fit ainsi une clientèle énorme d'obligés. Après l'armistice, la peur du bolchevisme et de l'impôt sur le capital facilita l'exportation au Maroc des capitaux français. La spéculation fut à son apogée. Cette agitation fébrile fit illusion. Sur le conseil de la Résidence, quotidiennement, des sociétés nouvelles, au capital de plusieurs millions, voyaient le jour. La production agricole n'avait guère augmenté depuis l'occupation, seuls les exportateurs augmentaient, qui se repassaient les mêmes marchandises. Les intermédiaires faisaient fortune. Tout le monde était courtier.

On spéculait sur le sol de la même façon que sur les grains. On vendait des options de terrain comme on vendait des contrats de place, sans voir la marchandise.

Brusquement, les banques refusèrent tout crédit. Ce fut la débâcle!

Aujourd'hui, toutes ces grosses sociétés ont en partie disparu, ainsi que beaucoup de commerçants ruinés, d'employés et d'ouvriers.

Tant qu'il venait des capitaux de la métropole, on bâtissait des immeubles, on créait des fonds de commerce, on meublait des magasins, des bureaux, des appartements.

Pas un homme, en haut lieu, ne se rendait compte de la facticité de cette vie, de la précarité des moyens d'existence des Européens.

Le Maroc, c'était le tonneau des Danaïdes. Quand les capitalistes français s'en aperçurent, ils fermèrent leurs coffres. Ce fut la ruine!

Voilà l'histoire de la crise! C'est celle du fils de famille dont le papa a coupé les vivres. S'il veut manger, il doit songer à se créer des moyens d'existence. Pour vivre, le Maroc doit faire produire sa terre. Cela lui est facile, car il a l'avantage de pouvoir bénéficier sans frais de l'expérience de l'Algérie, sa voisine.

Mais cela renversait toutes les combinaisons du maréchal Lyautey qui avait partie liée avec une Banque de Paris, qui possède une cinquantaine de filiales au Maroc (1).

Le maréchal ne voulait pas de colons. Il prétendait que le pays est assez peuplé (6 millions d'indigènes) pour justifier son ostracisme à l'égard de la petite colonisation. Il suffirait, d'après lui, d'un état-major de capitalistes encadrant la population indigène pour faire produire au pays son maximum.

Le 16 février 1922, à l'Union Coloniale Française, il s'exprimait ainsi :

« Je ne crois pas qu'il soit de l'intérêt de la France d'envisager un peuplement intensif du Maroc par des éléments de « prolétariat ». J'estime qu'il est surtout utile de fournir de bons cadres français à la population indigène. En effet, le Maroc n'est pas un pays vide; ses habitants sont relativement peu nombreux encore, mais très prolifiques. Jusqu'à présent, cette prolixité a été neutralisée par l'absence d'hygiène et la mortalité infantile; mais en raison des mesures prises elle pourra produire des effets assez rapidement. Ainsi le pays accroîtra sa

---

(1) *Voir la liste aux annexes.*

main-d'œuvre agricole. Il porte en lui-même une réserve de peuplement dont il faut tenir compte. »

C'est l'absurde rêverie de Napoléon III d'un « royaume arabe » érigée en principe pour le seul bénéfice d'une nouvelle Compagnie des Indes, avec cette différence essentielle que la Compagnie des Indes faisait presque tous les frais de ses expéditions tandis que c'est la France qui paye seule tous les frais du Maroc, qui nous a valu déjà la guerre de 1914 et qui peut nous en faire prévoir une seconde.

En résumé, c'est la chasse gardée!

J'aurais bien des choses à dire sur le « bluff marocain », mais il faut savoir se borner et je dois vous parler de la guerre du Riff, qui n'est pas terminée et qui peut avoir, indirectement, une grosse répercussion sur la politique intérieure de la France.

Je vous dis tout de suite ma conviction que la guerre du Riff fut organisée par le maréchal Lyautey, d'accord avec le gouvernement de M. Herriot. Celui-ci n'a-t-il pas dit publiquement, au Conseil général du Rhône, le 22 mai 1924 :

« Le maréchal a lui-même déclaré (dans une lettre du 12 mai 1924) que jamais il n'avait été mieux compris, mieux soutenu, mieux aidé que pendant notre présidence du Conseil et par le général Nollet... »

Et c'est la pure vérité : le maréchal Lyautey a pu faire avec M. Herriot ce que M. Poincaré, qui lui, ne s'en laissait point conter par le « Prince de l'Islam », lui avait interdit!

Sous l'ancienne législature, le gouvernement du Bloc National avait opéré une réduction de principe sur le budget militaire du Maroc et avait impérativement fixé comme terme aux opérations de guerre la fin de l'année 1923.

Dans un plan approuvé par le gouvernement, le maréchal Lyautey s'engagea à pacifier et à étendre le Protectorat français, *effectif*, dans un délai de trois ans (1921-1922-1923), sur tout le Maroc *utile*.

Et comme l'habile résident général partage toujours les opinions des hommes qui détiennent momentanément le pouvoir, il faisait écrire par un de ses porte-plume, en 1922, dans un ouvrage rédigé et édité par la Résidence générale (1), à l'avance, la critique la plus sévère et la plus juste des opérations massives engagées depuis un an contre les tribus révoltées de la vallée de l'Ouergha. Qu'on en juge :

« Car c'est face à ces Berbères que le commandement se doit d'écarter impitoyablement *les solutions violentes et globales que d'aucuns ont voulu et voudraient encore apporter dans cette conquête.* Elles n'aboutiraient qu'au désastre. *Contre le salopard au corps mat et qui s'identifie au rocher, contre le rocher qui multiplie les crêtes, les ravins, les cavernes, il n'y a pas à se servir démesurément du canon, du « gros canon » : il n'avan-*

---

(1) *La Renaissance du Maroc. Dix ans de protectorat* (1912-1922), p. 173.

cerait pas, *il n'aurait pas de repères; il n'y a pas à faire marcher des masse d'infanterie : elles seraient décimées. La parole est aux tirailleurs, aux légionnaires en formations diluées; elle est au 65. Plus que jamais, la conduite de la guerre apparaît ici comme une adaption minutieuse de l'esprit au réel, n'offrant en cela qu'une manifestation répétée de l'intelligence politique du maréchal Lyautey (sic)* (1). Une canonnade continue, des gaz, des corps d'armée ne pacifieraient pas le Maroc, mais ne serviraient qu'à nous voiler, dans le mirage d'une conquête hâtive, les pires rancunes, l'insubordination latente, la haine. Un jour proche, tout serait à recommencer.

Préparées dans le silence et l'étude, amorcées de longue date, les différentes étapes de la conquête ancrent leurs résultats dans un avenir certain. »

A chaque changement de ministère se posait la question du remplacement au Maroc du maréchal Lyautey. Celui-ci, plus adroit que tout notre personnel politique réuni, avait su, contre vents et marées, conserver sa bonne place. Mais les élections du 11 mai 1924 pouvaient porter un coup fatal aux fructueuses « combines » organisées au Maroc par les amis du résident général. Il s'agissait d'employer les grands moyens.

---

(1) *On n'est jamais si bien servi que par soi-même.*

— 39 —

Le maréchal Lyautey s'étant engagé à terminer la pacification de tout le Maroc « utile » en 1923 (1), il fallait découvrir un nouveau terrain de friction non encore exploité. Suivant la formule de la Résidence, *« on prépara dans le silence et l'étude, on amorça de longue date »* la conquête de la riche région de l'Ouergha, à cheval sur la frontière séparant la zone française de la zone espagnole. Nous n'eûmes pas grand mérite à nous rendre compte du sourd travail préparatoire commencé en vue d'énerver les tribus de cette région pour les amener à créer des incidents pouvant servir de prétexte à une intervention militaire. Nos soupçons furent vite confirmés

---

(1) *« ... La moisson est proche. La conquête du Maroc peut n'être bientôt qu'un souvenir si la Métropole, instruite par l'expérience de dix années d'un Protectorat,* QUI SEMBLE NÉ SUR LES GENOUX DES DIEUX, *consent au commandement une prolongation de confiance et de collaboration. Les directives de l'année 1922 attestent une volonté d'en finir : le Moyen-Atlas doit être pacifié. La soumission des Beni-Alaham, des Marmoucha, des Aït Tseghouchen et des Aït Youssi dans la zône Nord-Est du front Berbère, celle des Beni M'Guild, des Ichkern, des Aït Ishaq et des Chleuh dans la zône Sud-Ouest, entraîneront les conséquences les plus heureuses dans l'économie du Maroc. Le Maréchal Lyautey l'a déclaré, à Rabat, le 1ᵉʳ janvier 1922, dans un discours à la Colonie : « Il ne s'agit nullement de faire de l'occupation et de l'extension « pour le plaisir » : il ne s'agit nullement de nous implanter dans des Atlas rocheux, des sables stériles et des vallées improductives. Il s'agit simplement d'achever l'occupation du Maroc* UTILE... *de ces zones peuplées par des groupements de dissidents actifs que la sécurité générale ne nous permet pas de négliger, de ces zones qui sont d'ailleurs les mêmes* DONT LA POSSESSION EST INDISPENSABLE *pour l'aménagement normal et l'outillage complet du Maroc* ÉCONOMIQUE *à cause de ce qu'elles contiennent de* RESSOURCES NATURELLES, *forces hydrauliques, massifs forestiers, cheptel et pâturages ». Le problème ainsi posé, le maréchal Lyautey a envisagé que « le programme pouvait être rempli en trois ans, c'est-à-dire en deux ans encore, car le premier tiers en a été largement réalisé — sauf bien entendu les imprévus, dont il faut toujours tenir compte, et que nul ne serait maître de dominer, surtout s'ils viennent de l'extérieur »...* (La Renaissance du Maroc. Dix ans de Protectorat, 1912-1922 — *Publication officielle, p. 171.)*

par la littérature officielle. Nous en lirons tout à l'heure des extraits.

En 1924, c'est-à-dire un an avant la révolte, l'état-major envoya une colonne pour exciter les indigènes de l'Ouergha. On annonça une grande bataille au cours de laquelle nous eûmes... deux blessés. Cela suffisait à expliquer l'arrivée des renforts préparés en Algérie. Puis on établit, à l'aide d'une trentaine de postes, un *blocus économique* qui devait obliger les indigènes à user de la force pour se ravitailler. Le résultat ne se fit pas attendre : les tribus partirent en dissidence. Et ce que l'on appela la guerre du Riff fut surtout une révolte des populations qui, en majeure partie, nous étaient soumises depuis plus de dix ans. On voit que ce que les gazettes subventionnées nommaient le prestige du maréchal vis-à-vis des indigènes était une chose bien fragile.

M. Painlevé a parlé souvent d'une attaque injustifiée des Riffains brusquement révélée. C'est une fable grossière.

L'habitude est prise depuis longtemps, en Afrique et ailleurs, de provoquer des incidents nécessitant de sanglantes répressions. Il y a le précédent célèbre, à l'actif aussi du général Lyautey, de la colonne contre les Beni Snassen qu'on avait armés, avec l'aide d'un député d'Oran, pour déclancher une opération profitable à divers titres aux organisateurs.

En ce qui concerne le Riff, la presse prépara l'opération longtemps à l'avance. La défaite des Espagnols incita des journaux tels que *Le Temps* à rappeler au gouvernement français que les traités lui faisaient une obligation de se substituer à l'Espagne défaillante pour assurer la police des territoires dévolus à celle-ci. Il est inutile de citer toutes les feuilles officieuses qui participèrent à la préparation de l'opinion, mais je crois indispensable de reproduire un article de la « *Dépêche Coloniale* » *du 13 novembre 1924* (1) qui convaincra sûrement les plus incrédules de notre volonté de combattre Ab del Krim.

LE RIFF FRANÇAIS

« *Nous avons sur l'Ouergha* une région magnifique à exploiter, *mais aussi à défendre*.

« *La réunion au Maghzen de la vallée de l'Ouergha et de ses soixante mille habitants, presque tous agriculteurs et pasteurs, a été, comme nous l'avons dit, une des opérations les mieux réussies de la pacification du pays. Sa situation géographique, à la frontière hispano-marocaine de 1912, en fait une position avancée qui est à protéger spécialement. La carence espagnole, dont les détestables conséquences éclatent tous les jours, en fait*

____

(1) *Toute la collection de 1924 de l'officieuse Dépêche Coloniale est à consulter pour se rendre compte, à travers les articles de Jacques Hassan (de Pouvourville), du savant travail préparatoire organisé, en vue de la campagne du Riff, par le Cabinet Civil du Résident Général. Mais l'administration de ce journal refuse de vendre les numéros intéressants jugés trop compromettants pour la Résidence.*
Lire également, aux Annexes, l'article prophétique de Le Pastre (François Berger) composé, fin 1922, pour la Presse Marocaine, et qui fut censuré.

une région particulièrement exposée et en l'air. Sa ferti-
lité, sa population en font un objet d'envie pour tout le
monde, et surtout par les harkas d'Abd-el-Krim qui y
trouvaient, avant l'heureuse expédition du général de
Chambrun, un grenier d'abondance et un refuge de
toute tranquillité.

*Pour le refuge, c'est fini. En deux bonds successifs,
nos contingents français, cadres élastiques et puissants
de l'armée marocaine et les unités maghzéniennes à nos
ordres, ont occupé l'Ouergha et atteint, par delà les
thalwegs de ces vallées abondantes, les éperons de
Moulay Aïn Djenan, repaire de tous les agitateurs et
« sanatorium » des harkas fatiguées d'Abd-el-Krim.
Et, là contre, il n'y a plus rien à faire.*

*Mais pour le grenier d'abondance, il est toujours là.
Car l'Ouergha, enserré entre les contreforts nord du
Sebou et les cimes ingrates du Riff, est le type parfait
de ce « Maroc utile » que nous avons le devoir de res-
tituer en entier au sultan et de faire rentrer dans l'ensemble et dans l'unité de la terre maghzénienne. Et cet*
Ouergha est une véritable terre promise de richesse pai-
sible et d'agricole fécondité. Il apparaît, paradis sou-
riant et coloré, entre la monotonie des chaumes solitai-
res et la rudesse des montagnes osseuses et calcinées.
Damiers, à perte de vue, des orges et des sorghos; quin-
conces des vergers; vagues immobiles et opulentes de
vignes basses, des figuiers tordus et des oliviers magnifiques; et parmi les ondulations des moissons prochaines
des villages riants et ouverts, comme seraient des villages
de la Meuse ou de la Loire, et des populations calmes

sûres de la vie que leur procure un sol généreux. QUELLES BELLES RÉSERVES A EXPLOITER, *certes. Mais aussi* QUELS TRÉSORS *à protéger contre les jaloux, les pillards et les ambitieux. La richesse même de la région récemment reconquise rend plus étroit, plus difficile et plus urgent notre devoir de lui conserver son opulence et sa tranquillité.*

Or, cette tranquillité dépend, en dehors même de nous, de trois facteurs : la situation de l'Ouergha à proximité même des avidités de l'ennemi, et nous n'y pouvons rien changer : le recul espagnol, conséquence d'une impuissance officiellement avouée, et qui tourne contre nous les regards et les passions de harkas guerrières désormais inoccupées : et enfin la longueur de la nouvelle frontière à jalonner de notre occupation et de nos postes : 420 kilomètres à travers un chaos rocheux, aride et tourmenté, privé de toutes communications et de toutes ressources, chaos tellement enchevêtré qu'il n'y a nulle part ni commandement, ni vues suffisantes, et qu'on ne possède réellement que le sol qui est sous la semelle du soldat...

Ou sous le prestige du chef.

« *Nous dirons demain comment* les nouveaux soumis de l'Ouergha *ne sont pas tranquilles, parce qu'ils sont trop près de la frontière et parce qu'ils ont trop souvent expérimenté les procédés d'Abd-el-Krim et connu ses mauvaises humeurs. Et nous donnerons, en même temps, la biographie personnelle et le curriculum vitae de ce chef*

au passé relativement mystérieux, qui a surgi tout d'un coup de l'ombre (1) et qui s'est emparé si rapidement des crédules imaginations berbères.

Aujourd'hui, nous devons faire connaître les moyens que nous employons, moyens de fortune, pour asseoir la ligne de nos frontières, pour y installer notre surveillance protectrice et pour relier l'Ouergha au Maghzen par des communications rapides extérieures.

Les mouvements imprévus des harkas d'Abd-el-Krim nous ont surpris, d'abord à cause de la disparition du rival Abd-el-Malek (supprimé par les soins d'Abd-el-Krim à la demande du Ministère des Affaires étrangères français), ensuite et surtout à cause de la suppression des troupes espagnoles qui, tout de même, retenaient face au nord les tribus dissidentes et les gens des Gomara.

---

(1) Mon éminent confrère de Pouvourville (Jacques Hassan) est trop bien informé des choses coloniales pour ignorer l'histoire d'Abd-el-Krim qui n'a vraiment rien de mystérieux. Son père était caïd de la tribu des Beni Ouriaghel dans le territoire de laquelle se trouvent les mines de fer et de cuivre dont il est tant question dans cette aventure riffaine. Le vieux renard, connaissant la passion des Européens pour les mines, fit donner à ses fils une instruction européenne qui devait leur permettre, plus tard, de ne céder leur sous-sol que contre une honnête rétribution. M'hamed Abd-el-Krim, le cadet, qui fit ses études à Madrid, est ingénieur des Mines. Mohamed Abd-el-Krim, le chef du Riff, fut longtemps fonctionnaire au service des renseignements du Protectorat espagnol. Il servit, à maintes reprises, de plénipotentiaire entre l'Espagne et les tribus dissidentes. Un jour, le général Silvestre se livra sur lui à des voies de fait. C'est une chose qu'un Berbère ne pardonne jamais. Abd-el-Krim gagna le bled, fut rattrapé et emprisonné, mais parvint à s'évader, au prix d'une jambe cassée, qui devait le laisser estropié pour le restant de ses jours.

Cette anecdote est une indication pour l'explication du peu de réussite de l'Espagne au Maroc.

Nous étions à ce moment (fin 1923) en train de net-toyer (euphémisme terrifiant) complètement (ce n'est pas terminé aujourd'hui) la fameuse tache de Taza, où la dissidence de l'Atlas avait été coupée en deux, puis réduite. Ce dernier travail — le pourchas des derniers irrédentistes au fond des vallées reculées et des impasses de montagne — a dû être subitement interrompu. Et c'est une des plus intéressantes décisions du génie mili-taire du maréchal Lyautey, que cette volte-face, instan-tanée et silencieuse, de douze mille hommes égaillés sur toute la surface de la « tache de Taza », qui faisaient au Sud, du « nettoyage politique » (sinistre rappel d'une besogne atroce imposée aux poilus de la grande guerre) dans le Moyen-Atlas, et qui, vingt-quatre heures après, faisaient, au Nord, de la GUERRE DE MONTAGNES DANS LE RIFF *(1). Quel souple et bel instrument aux mains du chef, et quelle discipline élastique et bien articulée que celle-là, qui est prête à toutes les besognes et dont les aptitudes s'appliquent instantanément à la souplesse de décisions nouvelles et de directions de combat « op-posées par le sommet ».*

« Vraiment, la rapidité de cette transformation guer-rière est admirable et surprenante pour un homme du

---

(1) *C'est bien l'aveu que la guerre du Riff a commencé, de notre fait, bien avant « les infiltrations brusquement révélées » au bon M. Painlevé en mai 1925.*

Au surplus, si le lecteur veut bien se reporter aux annexes et lire la note intitulée « l'aveu », il sera complètement édifié.

métier. *La défense et la riposte furent, si l'on peut di*
simultanées avec l'attaque. Et la stupéfaction que p
voqua cette manœuvre, faite à la seconde et en silen
fut la cause principale des échecs retentissants et défin
tifs — du moins on y compte — des harkas riffaines
Taounat et sur l'oued Sker.

C'est pour cela que, depuis le 22 juillet, jour mém
rable où le général Colombat réduisit à néant — p
l'écrasement de 3.000 Riffains — *l'ambition des dis*
dents de se glisser sur Taza et même sur Fez, c'est p
cela que l'Ouergha est présentement protégé en av
par une ligne défensive dont Taounat même — le cha
de bataille d'il y a six mois — *forme l'articulat*
centrale.

Mais cette protection n'est valable qu'autant qu'e
peut-être instantanément garnie de troupes en nomb
suffisant. Pour le chiffre des effectifs, nous le savo
nous en connaissons la source : nous savons d'où ils vie
dront. *Mais il fallait aussi qu'ils pussent venir facilem*
et vite; et il y a là deux conditions : l'une, qui est d
l'espace, et qui est la jonction, sur la longueur
420 *kilomètres du front, entre la protection maroca*
directe et la protection oranaise; l'autre, qui est dans
temps et qui consiste dans la création du réseau rout
de l'Ouergha.

Or, cette condition est aujourd'hui remplie dans
circonstances de perfection et de célérité tout à fait ad
rables; *et une fois de plus, nos soldats de France se s*
montrés les dignes héritiers des légions romaines q
lâchant les armes pour la pioche, créaient des routes

les champs de bataille encore tout frémissants de leur victoire et tout chauds du sang répandu.

En Ouergha, les ramifications des anciennes voies s'étendent sur tout le pays, et les pistes caravanières, élargies, empierrées, passées au rouleau, délivrées à la fois des poussières aveuglantes de l'été et des boues enlisantes de l'hiver, permettent à nos soldats, à nos artilleries, à nos convois, de se transporter, à la vitesse maxima, sur n'importe quel point du front septentrional.

Voilà l'instrument : nous verrons tout à l'heure, à propos d'Abd-el-Krim, comment nous savons en jouer. »

Jacques HASSAN.

Puis suivait, dans le même numéro, l'information que voici :

« *Abd-el-Krim conteste les droits de la France*
sur la vallée de l'Ouergha

« *Le correspondant du Times à Tanger reproduit les vues d'Abd-el-Krim sur l'attitude des Français dans le Riff marocain. Il déclare qu'Abd-el-Krim maintient que la région de la vallée de l'Ouergha, au nord-est de Fez, occupée récemment par les troupes du protectorat français, se trouvait sous son contrôle direct au moment de l'occupation et que, par conséquent, ce mouvement vers le nord par les troupes françaises équivaut à une invasion du territoire du gouvernement riffain.*

Abd-el-Krim se base sur les considérations géograph
ques et ethnographiques, et maintient que le premi
occupant a droit à ces territoires. Il espère pouvoir arr
ver à un accord avec les autorités françaises, *mais*
déclare « prêt à défendre ces territoires par les armes
les troupes françaises essayaient d'entrer dans une zo
occupée par l'armée riffaine ».

Les responsabilités sont donc bien établies. Mais
peut objecter que des articles de journaux n'engage
pas le gouvernement. Dans ce cas, voici un extrait
discours prononcé à la Chambre le 5 février 1925 p
le général Nollet, ministre de la Guerre, au sujet
crédits demandés pour le Maroc :

« Le général Nollet. — *Pour définir les buts de l'o*
cupation militaire du Maroc, nous arrivons à ces de
termes : d'une part, maintenir l'ordre à l'intérieur da
la tache de Taza, dans la vallée de l'Oued-el-Abi
dans l'Anti-Atlas; d'autre part, être vigilants et av
l'œil ouvert du côté de la frontière du nord.

Le maréchal Lyautey nous a demandé un crédit
5 *millions* (1). Equiper défensivement le front nord,
jusqu'alors n'avait pas été l'objet de préoccupatio
particulières. *Equiper défensivement, c'est construire*

---

(1) *Cette augmentation des crédits militaires de cinq millions, c'est l'au*
risation accordée au maréchal Lyautey d'entrer dans le Riff; car
crédit militaire de 5 millions, cela représente actuellement deux jours
dépenses militaires. Ce chiffre réduit permit de faire avaler la pilule
la Chambre qui, sauf quelques initiés, ne se rendit pas compte de l'imp
tance du vote. Rappelons que des troupes étaient déjà presque à pi
d'œuvre, en Algérie, attendant la fin du mauvais temps pour venir bar
la route « aux infiltrations brusquement révélées ».

centres d'appui, organes militaires; c'est aussi établir dans la zone de l'arrière un réseau de communications téléphoniques et télégraphiques, y tracer des pistes, des routes, y construire des ponts, y exécuter un ensemble de travaux qui, eux, ont leur importance non seulement du point de vue militaire, mais encore du point de vue économique (1).

Le maréchal a d'ailleurs fait, en ce qui concerne les travaux dont l'intérêt économique prédomine, appel au budget du protectorat dans toute la limite qu'il a crue possible.

Dans quel but ces renforts ont-ils été demandés par le maréchal Lyautey? Dans un but offensif? Non pas! Mais dans un but strictement défensif, de manière à être prêt à toute éventualité, comme je l'ai dit tout à l'heure, à faire face au pire (2), si le pire doit se produire, et aussi avec une arrière-pensée que je crois fort juste, c'est que l'arrivée de ces renforts, publiée, répandue et habilement exploitée, suffirait vraisemblablement à prévenir des incursions qu'il deviendra de ce fait inu-

---

(1) Quelle admirable préparation à la guerre du Riff! A qui fera-t-on croire qu'Abd-el-Krim ait attendu la fin de tous ces travaux de préparation offensive pour nous attaquer si vraiment son intention était d'envahir le Maroc Français? Comment croire qu'il ait été assez maladroit pour attendre que soit achevée une telle organisation, alors qu'il lui était si facile de marcher sur Fez lorsque la région était vide de postes français et dépourvue de routes carrossables.

(2) Pourquoi tout à coup envisager le pire alors qu'on avoue que « le front nord, jusqu'alors, n'avait pas été l'objet de préoccupations particulières » ?

tile de réprimer au prix de beaucoup d'argent et peu
être de sang. (Très bien! très bien) »

Nous voici maintenant parfaitement fixés.

Mais l'historique de la guerre du Riff étant ainsi retracé, on se demande, l'auteur responsable de celle-ci, le maréchal Lyautey, ayant quitté le Maroc, on se demande quels sont les motifs qui empêchent le gouvernement français de traiter avec Abd-el-Krim. Cette recherche va nous amener à parler, au passage, des hommes d'affaires qui, eux aussi, ont indirectement une part de responsabilité dans cette sanglante aventure.

D'abord, il faut rappeler que la Résidence générale à Rabat et le Quai d'Orsay à Paris voyaient avec satisfaction les Espagnols battus par Abd-el-Krim. Pendant la grande guerre, les premiers avaient ouvertement manifesté leur sympathie pour les Allemands et leur hostilité pour nous en favorisant Abd-el-Malek qui, avec l'appui des Allemands, avait armé contre la France une mehalla, et en accueillant les déserteurs de notre légion étrangère.

En représailles, le Quai d'Orsay autorisa tacitement le ravitaillement d'Abd-el-Krim en armes, munitions et marchandises. Le premier Français qui traita dans ce but avec le chef riffain fut un envoyé de M. L...., propriétaire-directeur d'un journal de la rue Richelieu, qui, en 1921, à l'issue d'un voyage au Maroc où la Résidence générale lui donna tous les documents utiles à la publication d'un livre à la plus grande gloire du maréchal Lyautey, se rendit directement chez Abd-el-Krim avec lequel il passa un traité dont M. Jean du Taillis tenta de prouver la validité dans la note que je vous demande la permission de lire (1) :

« Remarques sur les garanties d'exécution de la convention signée par M. Jean du Taillis et le chef de la République Riffaine, Abd-el-Krim.

I. — Par les signataires.

Il est à remarquer que la somme relativement peu importante qu'il convient de verser au Gouvernement Riffain, pour entériner la convention et que l'on peut considérer, si l'on veut, comme un droit de porte, n'est pas le but cherché par Abd-el-Krim en accordant ces privilèges.

Sans doute, elle viendra en allégement aux lourdes

---

(1) *Le 4 mai 1925, l'Œuvre publiait l'information suivante, qui confirme nos renseignements :* LE VOYAGE DU FRÈRE D'ABD-EL-KRIM A PARIS.

Le 30 janvier 1922, au-dessous d'un cliché représentant trois chefs africains devant trois tasses de café, un journal du matin publiait cette légende :

« Vendredi, par le rapide de Marseille, sont arrivés à Paris Si Abd-el-Krim-ben-Zian; Si Mohammed Azerkane, et le grand caïd Haddou-ben-Hammou. Ce sont les chefs riffains dont notre collaborateur Jean du Taillis avait fait connaissance au cours d'un récent voyage dans le Riff, et dont il a publié ici même une intéressante interview. Les chefs riffains ne doivent rester que quelques jours en France. »

Un fait semble donc établi : le frère d'Abd-el-Krim est bien venu à Paris il y a trois ans, sans se cacher. M. Poincaré assure qu'à aucun moment il n'entra en relations avec les Riffains. Nous le croyons, puisqu'il l'affirme. Mais jugea-t-il au moins, en sage gouvernant, opportun de s'inquiéter des raisons précises de ce voyage?

dépenses faites depuis quinze mois pour entretenir sur le front des milliers de guerriers et indemniser les principaux chefs de tribu de leurs avances; mais, en fait, c'est dans l'accomplissement du traité même que réside pour Abd-el-Krim et les Riffains, l'intérêt et la valeur réelle de la convention.

En effet, c'est dans la perception aussi régulière que possible, en de telles circonstances, de droits de douane à l'importation et à l'exportation, dans le versement de redevances d'exploitations minières dont le taux est noté audit traité; dans le versement entre ses mains des 25 0/0 des ventes de droits miniers prévues pareillement qu'Abd-el-Krim compte pouvoir trouver les éléments d'un premier budget de la jeune république.

Or, indépendamment des ressources qui seraient ainsi assurées pour subvenir aux frais de la défense de leur patrie et de sa liberté, cet embryon de budget curait encore et surtout à ses yeux le très grand avantage de permettre au Riff de faire enfin figure d'Etat polcé et par conséquent de devenir un argument peut-être prépondérant pour que la Société des Nations prît en considération la requête de la Doula Riffaine, ne cessant de réclamer, en vertu du traité de Versailles, le droit strict qu'elle a comme peuple libre, de librement disposer d'elle-même, et si nécessité il y a, de choisir l'Etat protecteur.

En résumé donc, sans parler de considérations extrinsèques et de la valeur morale d'Abd-el-Krim, de son intention droite qui me fut manifestée à maintes reprises dans l'élaboration des articles de la Convention, on peut être assuré que le *Traité* sera exécuté parce que les premiers bénéficiaires en sont les *Riffains eux-mêmes et leur Chef.*

II. — *Au point de vue international.*

L'objection naturelle est celle-ci : La République du Riff n'est pas reconnue et son Chef est considéré comme un rebelle par la puissance que l'Europe a désignée comme protectrice de son territoire et de ses populations. Ceci est la questions de droit.

En fait, n'est rebelle que celui qui, soumis à une autorité, se soulève contre elle et la combat. Or, le *Riff* proprement dit, celui qui constitue et la « *République du Riff* » et le territoire faisant l'objet des présents monopoles d'exploitation, n'a jamais été soumis à personne, depuis des milliers d'années, à l'*Espagne moins qu'à* quiconque. En revanche, il forme une agglomération de tribus, farouchement berbères, ayant à leur tête comme chefs élus des membres de l'importante et débordante Zaouia des Abd-el-Krim; oncles, neveux, fils, frères, cousins, les membres des *Doumas* élisant les cinq menbres de la *Doula Djemaouria Riffia* », sont tous des *Abd-el-Krim. A* cet égard, on peut être assuré que la soumission de plus en plus hypothétique *d'Abd-el-Krm,* n'aurait aucune conséquence pratique. *Comme au* temps de la monarchie en *France, Abd-el-Krim n'est plus, vive Abd-el-Krim.*

Or, Abd-el-Krim, ou mieux, le gouvernement que les Espagnols eux-mêmes finissent par appeler la *République du Riff,* tant dans la presse qu'au *Parlement,* est, *de la façon la plus nette, un gouvernement victorieux. Le Riff, après quinze mois d'une lutte sanglante et sévère, a contenu, au dehors de son territoire, les armées de plus de cent mille hommes, envoyées pour le dompter; il a gardé par devers lui les prisonniers capturés, général, officiers et soldats, et il semble bien que pour un long temps, il faut que l'Espagne se résigne à ne pouvoir les libérer ni de vive force ni par des marchandages plusieurs fois tentés au reste et toujours inutilement.*

En conséquence, en fait, la République du Riff se trouve être la seule autorité capable et de permettre l'entrée, le séjour et les affaires sur son territoire à des tiers, et de les interdire à son gré.

Cette situation de fait peut-elle être génératrice de droits au point de vue international? La réponse n'est pas douteuse et sans rappel, précisément dans une zone limitrophe les tractations du sieur Massenet avec le simple aventurier d'alors, le rogui Mohamed-Bou-Hamara, tractations qui sont la genèse des mines actuelles de la région de Melilla et que l'Espagne se vit obligée de tenir pour fondées en droit, dans une large mesure, les droits des tiers, au point de vue particulièrement intéressant des mines, sont réglés par les accords internationaux (aucune distinction de nationalité admise) et par les dahirs du Sultan en zone française, du Kalife en zone espagnole.

Le fondement de ce droit est : permis de recherches accordés à la priorité de la demande suivant certaines conditions, soit dépôt d'un plan à l'appui au 10.000ᵉ établi avec une orientation nord-sud et est-ouest et raccordement aux coordonnées géographiques; de plus, les côtés doivent être compris entre un et quatre kilomètres maximum; enfin le centre de ce carré doit être marqué par un signal posé préalablement à la demande (dahirs de 1914, 1915, 1919).

Inutile de souligner que puisque, de notoriété publique, nul Européen, même pas les Manessmann, n'a pu se' rendre au Riff et encore moins y faire les opérations sommaires de géodésie requises, en dépit des quelques six cents permis de recherches déposés au Bureau des Mines de Tetouan (voir collection de Buletin Oficial de la zona de Protectorado Espanol en Marruecos), seuls auront force de loi les permis de recherches dûment appuyés par les documents géographiques, photographiques, etc., etc., que pourront apporter à l'appui des requêtes que moi-même et mes mandants déposeront comme résultat des missions prochaines de prospection, toutes les facilités nécessaires dans ce but étant précisément l'un des plus intéressants privilèges accordés par le traité.

En résumé, quelle que soit la situation de droit d'Abd-el-Krim, les permis de recherches que nous aurons pu concrétiser auront en droit une indéniable valeur.

Restent le problème de l'exploitation minière et les monopoles touchant les forêts et le commerce.

Pour le moment, nulle déclaration de blocus n'a été faite par l'Espagne de la côte du Riff et, en conséquence, à condition de prendre quelques précautions, soit d'armer des vapeurs italiens ou allemands (pour le tisrah la presque totalité des chargements se fait sous ce pavillon dernier) aucune entrave sérieuse ne saurait être apportée.

Pour l'avenir, que valent les concessions accordées par Abd-el-Krim? Cela dépend des événements qu'il est aisé de ramener à trois hypothèses :

1° Abd-el-Krim et la Doula continuent de résister victorieusement. Aucune difficulté de fait; en droit, il y aurait lieu de prévoir, pour faciliter les opérations, la participation de groupements espagnols à la mise en œuvre économique du Riff, Abd-el-Krim ayant dit et répété à moi-même que, dans les journaux de Madrid, le Riff est prêt à collaborer pour le commerce et l'exploitation de ses richesses avec les civils (paisajes), à l'exclusion de « la caste militaire et .monarchique ». Ceci est une question d'espèce facile à résoudre.

2° Abd-el-Krim se voit contraint de faire sa soumission. Même en Espagne, tout le monde est d'accord pour estimer que les conditions de celle-ci ne pourraient pas ne pas lui laisser une indépendance presque totale, pour lui ou quelqu'un des siens, soit son frère Si Mohamed, soit son oncle Si-abd-es-Salem. La conséquence, c'est que, de fait, il resterait encore tout puissant et que la force de ses engagements résultant de ce traité resterait entière avec, pour la pratique, des facilités accrues par suite des facilités plus grandes d'une collaboration avec les groupements de la péninsule.

Un grand caïdat du Riff entre les mains de la Zaouia des Abd-el-Krim est la seule solution favorable à l'*Espagne* qu'il soit possible d'envisager comme aboutissement de l'état de guerre actuelle; c'est la solution préconisée par les groupes libéraux *Romanonès* ou *Alba*, susceptibles de prendre prochainement le pouvoir. *Manifestement la convention*, dont je me trouve bénéficiaire, se trouverait alors dans les meilleures conditions possibles pour obtenir des résultats.

3° *Le statu quo*, soit l'hostilité des *Espagnols* et des *Riffains*, devenant à l'état endémique; en d'autres termes, l'opinion et la presse en arrivant peu à peu à faire le silence en *Espagne* sur la question du *Riff*, comme s'il n'existait pas. *La convention*, avec ou sans la collaboration active de groupements espagnols, continue ses effets et peut devenir l'avant-propos de la précédente solution, mais obtenue par diplomatie et par conséquent avec renforcement des droits acquis par les bénéficiaires d'icelle.

En résumé, sans posséder en droit strict une valeur propre, la convention que j'ai rapportée du *Riff*, est appelée, quoi qu'il advienne, à se trouver consacrée par les faits et c'est peut-être dans l'hypothèse la moins favorable à l'autorité de fait qui l'a accordée qu'elle est appelée à procurer le plus d'avantages.

En tous cas, par les facilités uniques qu'elle accorde de pouvoir requérir les seuls permis de recherches miniers dans la région la plus riche de l'*Afrique du Nord*, ces permis ayant un statut international inattaquable en droit; par les possibilités de transformer ces permis obtenus et d'en obtenir des cessions monayables,

*le traité justifie très longuement et les versements aux-
quels il oblige et la constitution d'une Société d'Etudes
et de la dotation nécessaire à ses travaux (1) ».*

M. L... abandonna le bénéfice de ce contrat moyen-
nant, dit-on, une honnête compensation aux frais de
l'Espagne.

Abd-el-Krim envoya alors son frère à Paris en vue
de demander au gouvernement français de l'aider à
mettre en valeur et organiser le Riff (2). On pense
bien, quand on sait que les indigènes algériens ne peuvent s'embarquer sans permis, que ce personnage ne put
venir en France sans l'assentiment préalable du gouvernement qui fut, en effet, pressenti par une personnalité indigène de l'Algérie, fonctionnaire à Paris, et
bien connu des membres de la Commission parlemen-
taire de l'Algérie et des colonies, ainsi que de nos
personnages consulaires.

---

(1) *Bien entendu les bénéficiaires de ce contrat s'engageaient à fournir
une certaine quantité d'armes, de munitions et d'équipements militaires.*

(2) *Dans une note (voir aux annexes) remise aux Français avec lesquels
il était en pourparlers pour la mise en exploitation du Riff, Abd-el-Krim
insiste « sur l'orientation nord-sud de la vallée de l'oued Nkour qui permettrait la construction peu coûteuse d'un chemin de fer allant de Fez à
Alhucemas ». Un chemin de fer français reliant Fez, capitale impériale
du Maroc français, à Adjdir, capitale du Riff, c'était la pénétration pacifique assurée de la France dans le Riff. Cela est bien loin de ressembler
aux prétendues visées impérialistes d'Abd-el-Krim sur tout le Maroc
français que lui prêtent les impérialistes français qui, eux, clament dans
toute la presse et à la Chambre leur désir de voir anéantir tous les Riffains afin de nous permettre l'occupation tranquille de leur territoire et
l'exploitation fructueuse de son sous-sol.*

Par son intermédiaire, des conversations eurent lieu avec le directeur des Affaires d'Afrique au ministère de l'Intérieur, des fonctionnaires du Quai d'Orsay, MM. de Perretti de la Rocca et de Beaumarchais, et des hommes politiques, tels que M. Painlevé, qui reçut chez lui Abd-el-Krim. On connaissait donc à Paris, de source certaine, le désir d'Abd-el-Krim de s'entendre avec la France.

Dans le même temps, Abd-el-Krim traitait avec un groupe de Français pour la mise en valeur de son pays et la livraison d'armes et de munitions. Mais ces Français, étant démunis d'espèces, durent chercher des capitalistes pouvant financer l'affaire. Par l'intermédiaire d'un M. Halphen, ils entamèrent des pourparlers avec la Banque de Paris et des Pays-Bas, qui, on s'en doute, ne s'intéressa pas à la combinaison sans l'autorisation des Affaires étrangères. Nous avons dit que, parallèlement, celle-ci causait avec Abd-el-Krim. Un jour, on lui demanda de fournir une preuve de sa loyauté envers la France en nous livrant Abd-el-Malek (fils de l'émir Abd-el-Kader), qui, pour le compte de l'Allemagne et de l'Espagne, son alliée occulte, nous avait combattus au Maroc, pendant la grande guerre. Abd-el-Krim répondit : « Je ne peux pas vous livrer un chérif qui, comme moi, combat les Roumis ; je serais déconsidéré auprès des populations riffaines ; mais je peux le faire disparaître. » Peu après, on apprit la mort d'Abd-el-Malek. Abd-el-Krim ayant donné une preuve de sa loyauté envers la France, on l'abandonna à son sort et on fit connaître à la Banque de Paris qu'il n'y avait pas lieu pour elle de continuer les pourparlers avec Abd-el-Krim.

Les Français bénéficiaires du contrat d'exploitation du Riff étaient en affaires (des affaires de contrebande d'armes) avec un Anglais au service de l'Intelligence's départment, le Captain Gardiner, qui se fit fort de trouver les capitaux nécessaires. A son tour, il signa un contrat avec Abd-el-Krim (1).

Je ne voudrais pas trop allonger cet exposé, mais il est pourtant intéressant d'indiquer les clauses essentielles du marché.

Les bénéfices de l'exploitation des territoires riffains étaient ainsi partagés : 40 0/0 au gouvernement riffain, 60 0/0 à la Société, qui rétrocédait 5 0/0 à Abd-el-Krim.

En garantie d'exécution du contrat, le gouvernement riffain cédait en toute propriété les concessions minières situées dans la région du Djebel Hammam et donnait quittance du versement d'une somme de 13.000.000 de francs. Au contrat, était jointe une contre-lettre par laquelle la Société reconnaissait les accords comme nuls et non avenus en cas de non exécution d'un article non inscrit dans le contrat et faisant l'objet d'une lettre

---

(1) *Voir le contrat aux annexes.*

Le capitaine Gardiner fut présenté à Si M'hamed Abd-el-Krim el Kattabi par M. Moulis au mois de mars de l'année 1923. — Gardiner prétendait faire partie de groupements financiers puissants tels que : Rothschild-Syndicat, Ethelburger-Syndicat, Morgan-Syndicat.

particulière concernant la livraison de :

20.000 fusils
2.000.000 de cartouches 7/9 pour mitrailleuses
3 batteries de 75
3 batteries de 77
12.000 obus pour 75
12.000 obus pour 77
4 aéroplanes de chasse
8 aéroplanes de bombardement
2.000 bombes de 50 kilos
100 bombes incendiaires
4 moteurs de rechange
8 hélices de rechange
4 ailes de rechange
2 jeux d'outils
1 sous-marin
3.000 pelles
3.000 pioches
150 ciseaux pour fils de fer barbelé
Fil de fer barbelé
2 obusiers de 150 avec
200 obus.

Les Français auxquels Gardiner s'est substitué avaient plus facilement trouvé le matériel de guerre que les fonds nécessaires à l'opération. 15.000 fusils devaient être fournis par deux usines belges très connues qui fabriquaient, à l'époque, des fusils Mauser pour le Mexique et donnaient la priorité aux fournisseurs d'Abd-el-Krim. Les batteries d'artillerie provenaient

d'une grande maison française à qui un Etat balka-
nique en avait passé commande, mais n'avait pu tenir
ses engagements. Les avions étaient de type français.
Les trente mitrailleuses provenaient d'une grande usine
du centre de la France.

Gardiner affréta un petit bateau et fit plusieurs voya-
ges de ravitaillement de Marseille à Adjdir. Mais l'Espagne, mise au courant de ce trafic par un Français,
protesta auprès du Quai d'Orsay qui pria Gardiner
d'interrompre ses déplacements (1).

Aujourd'hui, on ne parle plus de Gardiner; il est
« brûlé »; on verra par la composition de son groupe
que ce sont les mêmes intérêts que semble représenter
actuellement le capitaine Gordon Canning :

Etat anglais : 500.000 livres.

M. Sidney (de la Banque Barclay) : 500.000
livres.

M. Hacländer, négociant allemand à Vermelskir-
chen, associé d'Otto Mannesmann : 500.000 livres.

---

(1) *Gardiner n'ayant pas, lui non plus, exécuté les clauses du contrat,
(voir aux annexes l'exploit de M. Dintem, huissier à Paris), il semble
qu'Abd-el-Krim ait traité avec les Mannesmann par l'intermédiaire d'un
Français nommé G...a (qui connaissait Abd-el-Krim depuis longtemps et
avait été au Maroc l'agent des Manessmann), et d'un Allemand, Hacländer, que l'on retrouve dans toutes les tractations concernant le Riff, en
France, en Allemagne et, dans l'entourage du roi, en Espagne, où il pos-
séderait à B... une fabrique de tapis. Détail amusant : il assista, en 1925,
à la Sorbonne, au Congrès de la Paix.*

*G...a fut arrêté, en 1925, à la frontière algéro-marocaine, au moment, a-
t-on écrit dans la presse, où il s'apprêtait à passer dans le Riff. On n'a
jamais su la suite donnée à cette arrestation qui, peut-être, fut en partie
motivée par une plainte déposée antérieurement par G... contre le maréchal Lyautey et le colonel Huot, directeur du service des renseignements
du Maroc.*

M. Gardiner, capitaine de la Marine Royale Britannique, membre de l'Amirauté (service spécial), beau-frère, dit-il, du gouverneur de l'Australie : 500.000 livres.

Enfin, lord Tinam, membre du Conseil de la Couronne et parent de lord Curzon, a signé le contrat du captain Gardiner en qualité de témoin.

*
**

Comme toujours, c'est l'Angleterre qui brouille les cartes. C'est elle qui exigea que Tanger n'appartînt ni à l'Espagne, ni à la France. Tanger, ville européenne, serait une rivale trop dangereuse pour Gibraltar qu'elle neutraliserait sans effort. La maîtrise du détroit de Gibraltar est pour l'Angleterre une question de vie ou de mort. C'est la route de l'Egypte et des Indes. Une nation européenne installée dans le détroit et pouvant, en cas de conflit, en fermer la porte, tiendrait l'Angleterre à sa merci. Celle-ci qui, depuis la guerre de cent ans, a toujours dirigé, ouvertement ou non, la politique européenne, deviendrait, du coup, une puissance de second ou même de troisième rang. Toute la politique marocaine de l'Espagne et de la France, qui paraît si incompréhensible, devient claire, quand on saisit la tactique de l'Angleterre qui, à aucun prix, ne nous permettra de traiter avec Abd-el-Krim, c'est-à-dire de le reconnaître, ce qui nous donnerait des droits sur le Riff et nous permettrait, dans un avenir plus ou moins éloigné, de nous installer dans le détroit, en face de Gibraltar. Il est exact, je le répète, que, en

1923, Abd-el-Krim dépêcha son frère auprès du gouvernement français pour lui offrir une sorte de protectorat. Il est également exact que, plus tard, en novembre 1924, le roi d'Espagne, pour des motifs personnels, envoya à Paris un personnage officieux chargé de pressentir, par le truchement de quatre parlementaires, dont Malvy, le cabinet Herriot en vue d'une entente avec Abd-el-Krim et un richissime industriel américain. M. Chamberlain fit tout exprès le voyage pour dire à M. Herriot que s'il reconnaissait Abd-el-Krim, l'Angleterre exigerait de la France le remboursement immédiat de sa dette. M. Herriot s'inclina. L'Angleterre, par les soins du capitaine Gardiner, arma Abd-el-Krim et nous eûmes la guerre du Riff (1).

L'Angleterre, qui sent bien que, tôt ou tard, soit la France, soit l'Espagne (qui n'a pas renoncé à reprendre Gibraltar), ensemble ou séparément, parviendront à lui faire vis-à-vis de l'autre côté du détroit, n'a qu'une tactique à nous opposer : l'usure. L'Espagne, depuis une quinzaine d'années, s'épuise et s'use pour se maintenir sur une mince bande de terre qui, en cas d'alliance avec une autre puissance européenne, lui permettrait de reprendre Gibraltar. L'Espagne vaincue et rejetée à la mer, la France était tenue, par les traités, de se substituer à l'Espagne défaillante pour assurer la police des territoires dévolus à celle-ci. Notre expérience de la guerre d'Afrique et nos moyens militaires

---

(1) *Il y a près d'un siècle, lors d'une première guerre entre la France et le Maroc, les canons pris par nos troupes à l'ennemi étaient tous de fabrication anglaise. Cette nation a vraiment de l'esprit de suite dans les idées!*

devaient nous permettre d'assurer facilement notre mission. On a vu que des éléments inattendus (la cavalerie de Saint-Georges aidant) ont empêché, jusqu'à ce jour, tout résultat décisif.

L'amiral anglais Nelson a dit : « Tanger doit appartenir, ou à une nation neutre comme le Maroc, ou à l'Angleterre. »

Un de ses compatriotes, diplomate illustre, Sir John Drumond Hay, qui fut, d'après Gabriel Maura déjà cité, « l'arbitre pendant près d'un demi-siècle des destinées de l'empire marocain, employa son ascendant sur le Sultan non pas à obtenir des avantages commerciaux ou politiques pour son pays, mais à empêcher les autres puissances de les acquérir. C'est à lui que la France s'est heurtée après la bataille d'Isly, comme l'Espagne après celle de Guad-Ras. Dans sa biographie, écrite par sa fille, celle-ci raconte la conversation qu'il eut en 1885 avec le ministre de France, M. Féraud, et au cours de laquelle il s'exprimait ainsi : « Rien ne peut troubler, à mon avis, la cordialité de relations de nos deux pays, sauf la tentative de l'un d'eux de s'emparer du Maroc. Si nous pouvions lancer le Maroc à cent milles de l'Atlantique, nous désirerions tous que n'importe quelle nation civilisée le conquît le plus tôt possible. »

Dans une autre occasion, Sir John ajoutait : « Nous ne pourrons *jamais* tolérer que la France domine dans le détroit, qui sert de route à notre commerce, et qui est le passage obligatoire pour l'Inde et l'Orient. Il serait bien moins dangereux de lui céder la domination absolue dans le canal de Suez. »

Budgett Meakin, l'Anglais qui connaît le mieux le pays et la question du Maroc, écrivait en 1899 : (1)

« Si l'on doit, un jour ou l'autre, s'occuper du partage du Maroc, l'Angleterre n'exigera que la zone qui s'étend le long du détroit de Gibraltar. Abstraction faite de cette condition *sine qua non*, qui intéresse l'Angleterre, la France peut prendre tout le reste. »

D'ailleurs, l'article 7 du traité du 8 avril 1904 était très net sur les préoccupations anglaises. En voici le texte :

« Pour assurer le libre passage dans le détroit de Gibraltar les deux gouvernements s'engagent à empêcher la construction de fortifications ou d'ouvrages stratégiques, de n'importe quelle nature, dans la partie de la côte marocaine comprise entre Melilla et les hauteurs qui dominent la rive droite du Sebou exclusivement. Cependant, cette disposition ne s'applique pas aux points actuellement occupés par l'Espagne sur les bords marocains de la Méditerranée. »

Il est bien établi que, dans cette malheureuse affaire du Maroc, nous sommes manœuvrés par l'Angleterre. La mésaventure du capitaine Gordon Canning en est une nouvelle preuve. Mandaté par le ministre

---

(1) *The Moorisch Empire, page* 432.

Painlevé (1) pour aller chercher auprès d'Abd-el-Krim les conditions riffaines de paix, il est traité d'aventurier par le ministre Briand, qui refuse de l'entendre.

Déjà sous le ministère Painlevé, en juillet 1925, on fit le simulacre d'envoyer des plénipotentiaires en zone espagnole pour engager des pourparlers de paix avec des représentants du Riff.

Aussitôt que les représentants de la France et de l'Espagne apprirent le départ des parlementaires riffains, ils rentrèrent chez eux en déclarant qu'ils avaient assez attendu et que la preuve était faite qu'Abd-el-Krim ne voulait point traiter.

L'hiver a interrompu les opérations militaires. Les gouvernements français et espagnol sont d'accord pour les reprendre au printemps et écraser le Riff, qui contient, affirme-t-on, les mines de fer et de cuivre les plus riches du monde entier. Un syndicat financier, qui compte dans son sein le roi d'Espagne et des hommes politiques espagnols et français, ainsi qu'un richissime Américain, est prêt à exploiter ces mines, que le seigneur Abd-el-Krim voulait vendre, mais qu'on estime préférable, dans certains milieux politico-financiers, de lui arracher de force sans bourse délier. Tant pis si cela coûte plus cher aux peuples en vies humaines et en argent !

Le Gouvernement français a demandé au Parlement

---

(1) *Lire aux annexes les lettres adressées par le capitaine Gordon Canning à M. Briand.*

de décider que les réservistes accompliraient cette année une période d'exercices de vingt-huit jours afin de permettre à des bataillons de l'active d'aller participer à l'offensive de printemps dans le Riff.

La France s'est engagée vis-à-vis de l'Espagne à ne point rester dans la zone espagnole. Elle va donc s'endetter de plusieurs milliards et faire tuer une partie de ce qui reste de la jeunesse française pour le seul profit du roi d'Espagne et de quelques hommes politiques français.

Sauf les Communistes, personne ne proteste. Il y a des hommes, des groupements qui se disent pacifistes, qui font de l'agitation en faveur de la Paix, avec une majuscule, mais qui trouvent que la colonisation étant une nécessité économique, la guerre du Maroc est légitime.

Je crains bien que ces hommes, ces groupements, en criant : « Guerre à la guerre », ne fassent que manifester leur égoïsme, leur peur. En effet, pour eux, la paix, c'est la paix avec une voisin puissant, nombreux, bien armé, susceptible de nous battre et d'envahir notre territoire ; la Paix avec une majuscule, c'est la paix avec l'Allemagne. La guerre, c'est la guerre avec l'Allemagne. Mais, quand nous allons, au loin, porter la désolation et la mort chez des populations pacifiques, insuffisamment armées pour défendre des richesses que nous convoitons, ce n'est pas la guerre, c'est la pénétration pacifique, c'est la colonisation ; et les tonnes de mitraille que nos avions déversent journellement sur les femmes, les enfants, les vieillards qui peuplent les villages et les marchés marocains, ce sont les bienfaits de la civilisation.

Vercingétorix, qui arma les tribus gauloises contre le protectorat de Rome, est un grand patriote, un héros, un dieu national.

Abd-el-Krim, qui défend les tribus riffaines contre l'envahisseur européen, est un aventurier, un chef de bandits...

CONCLUSIONS

Résumons.

La guerre du Riff irrite sourdement l'opinion sans distinction de parti ou de classe. La gravité de notre crise financière nous oblige à réfléchir profondément sur les causes et les effets de cette véritable guerre et à nous demander si vraiment elle est justifiée ou, pour le moins, profitable.

Ce mouvement d'opinion est tellement puissant que, à quelques jours d'intervalle, M. Aristide Briand, à ce sujet, s'est complètement déjugé. En effet, après avoir prononcé à la Chambre, à propos des crédits pour le Maroc, des paroles totalement dénuées de l' « esprit de Locarno », six ou sept jours plus tard, il réunissait dans son cabinet quelques personnages qualifiés en vue d'examiner sérieusement les conditions de paix à offrir à Abd-el-Krim.

Ce brusque changement d'attitude chez le Président du Conseil est incontestablement motivé par la pression de l'opinion publique qui s'inquiète de voir le gouvernement gaspiller des vies humaines et des milliards, qui nous font tant défaut dans la métropole, et désorganiser la défense nationale, ce qui peut brusquement nous mettre à la merci d'un agresseur européen. Mais l'argument décisif en faveur de la paix immédiate fut sans doute apporté par notre résident général au Maroc qui doit avoir de bonnes raisons de penser qu'il est plus expédient de nous concilier Abd-el-Krim, grâce à une Cavalerie de Saint-Georges bien employée, que de persister à le vouloir vaincre par les armes.

Tous nos échecs, toutes nos fautes en matière coloniale proviennent de notre refus à suivre l'exemple des Anglais qui, en excellents commerçants, n'emploient leur argent qu'à bon escient. Ils ont appris, une fois pour toutes, qu'il en coûte beaucoup moins d'acheter un homme que d'en faire massacrer des milliers.

Depuis quelque temps, à propos de l'insuffisance de nos personnages consulaires, on répète souvent que les sorciers sont rares; ils sont moins rares que les saints; ce qui veut dire que peu d'hommes savent résister à l'argent : c'est une question de tact, de circonstances et de prix. Un hommage à rendre au maréchal Lyautey, c'est de reconnaître qu'il avait compris cette vérité. Ce n'est pas lui faire tort que d'affirmer qu'il était plus politique, plus diplomate que militaire; il savait d'ailleurs, à l'occasion, se rendre lui-même justice et rappeler, en citant l'exemple fameux des grands caïds du Sud, qu'il maniait infiniment plus habilement les fonds secrets que les corps d'armée. De ces caïds du Sud (El Glaoui, M'Tougui, El Goundafi, El Ayadi), il fit des seigneurs tout-puissants, beaucoup plus puissants que le Sultan lui-même, fiction commode, qui, en réalité, n'est qu'un personnage honorifique, symbolique, simple machine à signer, qui permet à la France républicaine d'avoir, comme Janus, deux visages : l'un démocratique et pacifique en Europe, l'autre autocratique et guerrier au Maroc.

Pourquoi n'avoir point traité Abd-el-Krim comme les caïds du Sud? Pourquoi ne point lui avoir donné un titre pompeux avec une liste civile honorable?

C'est là le *point névralgique*, comme dit M. Aristide Briand.

Rien n'est simple. On ne répond pas d'un mot à une telle question. Rien n'est simple parce que, à toutes les questions de politique, intérieure ou extérieure, se mêlent étroitement des intérêts particuliers.

D'abord, pendant assez longtemps, le Quai d'Orsay et la « Cour » du maréchal Lyautey, enchantés de prendre contre l'Espagne une juste revanche de ses mauvais procédés durant la guerre européenne, flirtèrent avec Abd-el-Krim qui, n'ignorant point qu'il ne pourrait conserver toujours une autonomie complète, fit maintes démarches pour nous décider à prendre en mains l'organisation et l'administration du Riff. Epiés par l'Espagne, qui sentait bien que cet accord se ferait contre elle, nous dûmes rompre avec Abd-el-Krim. Mais les affaires marocaines de l'Espagne ne s'améliorant toujours pas, elle dut songer à traiter ou à abandonner définitivement la partie. Le roi d'Espagne, par l'intermédiaire de son homme d'affaires, engagea, en 1924, des pourparlers avec des hommes politiques français en vue, enfin, de traiter avec le Président de la République riffaine. Bien entendu, une affaire financière se greffait là-dessus, qui assurait aux intermédiaires — à tous les intermédiaires — un honnête courtage pour leurs peines et soins. Comme, dans le même temps, le maréchal Lyautey, d'accord avec le Gouvernement, mettait soigneusement tout en œuvre *pour se faire attaquer* par Abd-el-Krim, le complot pour la paix rencontra quelques difficultés. Enfin, tout de même, le chef du Gouvernement français céda. Mais sa résolution était à peine prise que M. Chamberlain fit tout exprès le voyage pour lui dire que s'il traitait avec Abd-el-Krim, c'est-à-dire s'il le reconnaissait, l'Angleterre nous réclamerait le remboursement immédiat de son prêt. Et, une fois de plus, la France céda devant l'Angleterre. Du même coup, celle-ci nous condamnait, tout comme l'Espagne, à nous user sur le Riff.

Il ne restait plus alors à l'Espagne et à la France qu'à river ensemble leur boulet respectif pour tâcher de s'en tirer le moins mal possible. M. Malvy, le même homme qui avait tenté d'associer les deux nations dans une œuvre de paix (afin d'exploiter le plus tôt possible les mines de fer et de cuivre du Djebel Hammam (1) — qu'on dit les plus riches du monde entier), le même homme s'entremit pour associer ces deux nations à une œuvre de guerre.

---

(1) Le massif minier du Djebel Hammam, qui a fait l'objet d'une association entre le roi d'Espagne et M. Malvy, est situé dans la région de la tribu des Beni Ouriaghel.

Il est borné au nord par l'oued Ghis et El Mourabitine; au sud, par les Beni Ammaret; à l'est, par l'Oued N' Kor; à l'ouest, par les Beni Mezdouille et l'Oued Ghis.

Sa superficie est approximativement de 10.000 hectares miniers.

Une fois la paix signée, il sera intéressant de rechercher les artisans de la guerre du Riff sous le masque des hommes de paille qui composeront le Conseil d'administration de la future Compagnie des Mines du Djebel Hammam.

Après un an de guerre, sommes-nous aujourd'hui plus avancés? Point. Nous n'avons pas reconquis entièrement la ligne de défense, au nord de l'Ouergha, dont Abd-el-Krim nous a chassés en mai 1925.

Abd-el-Krim est-il toujours prêt à traiter avec la France? Sans aucun doute! Qui ou quoi alors nous empêche de traiter?

Ici encore il est impossible de répondre d'un mot.

A l'intérieur, le principal obstacle à la paix ce sont les militaires de carrière, avec leur déformation professionnelle et dont la guerre est la seule ambition, à cause surtout des avantages qu'elle comporte : supplément de solde, croix, galons, etc...

Egalement, à l'intérieur, il y a les fournisseurs de guerre et leurs courtiers du Parlement et de la Presse qui, par définition, sont « jusqu'auboutistes ». N'a-t-on pas vu, dans un quotidien de gauche, pacifiste entre tous, pendant des jours et des jours, en première page, une rubrique intitulée « Des avions, des munitions », où on réclamait férocement l'anéantissement sous des tonnes de mitraille des populations riffaines!

Et puis, il y a les hommes d'affaires qui, si Abd-el-Krim était vaincu, se feraient attribuer gratuitement des concessions minières qu'il faudrait acheter et payer si on faisait la paix : voilà pourquoi une clause des propositions de paix exige l'éloignement d'Abd-el-Krim, propriétaire des mines.

A l'extérieur, il y a l'Espagne, conseillée par l'Angleterre, qui, cramponnée au Riff depuis cinq siècles, craint d'avoir pour nous retiré les marrons du feu.

Enfin, il y a l'Angleterre, *qui ne nous permettra jamais* d'avoir une influence quelconque dans cette région, dont nous pourrions tôt ou tard profiter pour installer en face de Gibraltar des établissements dangereux pour sa sécurité. Jamais l'Angleterre ne permettra à une nation européenne de lui disputer la maîtrise du détroit de Gibraltar, route des Indes et de l'Egypte.

Alors, pour qui nous battons-nous au Maroc?

Est-ce que le peuple de France n'a pas suffisamment de sujets de mécontentement qu'il nous faille lui révéler qu'on dépense des milliards et qu'on fait tuer ses enfants pour permettre à un souverain voisin et à quelques politiciens français, de concert avec un richissime Américain, de se faire attribuer pour rien les mines de fer et de cuivre du Djebel Hammam?

Avril 1926.

A.-V. Dunet.

ANNEXES

Lettre de l'auteur à M. Malvy.

20 Mars 1926.

PERSONNELLE
RECOMMANDÉE

Monsieur MALVY
Député
36, Rue Cortambert
Paris (16e)

Monsieur le Ministre,

Vingt fois depuis un an environ, j'ai eu l'intention soit de vous demander de m'accorder un entretien, soit de vous écrire. Et puis, chaque fois, j'ai reculé par crainte que ma démarche ne soit mal interprétée. Aujourd'hui, je me décide parce que, relisant, au Journal Officiel, le compte rendu des débats de la pénible séance de la Chambre du 18 Mars, dans votre émouvant plaidoyer, je rencontre cette phrase :

« Et laissez-moi vous dire que si j'ai pu faire quelque chose d'utile pour mon pays, c'est lorsque, en deux occasions, j'ai pu éviter que le sang français coulât... »

Oui ! c'est cette déclaration sortant de votre bouche qui m'a décidé à vous écrire enfin pour vous demander, puisque vous voici, de nouveau, au Gouvernement, d'user de votre pouvoir pour arrêter la guerre du Riff.

La Destinée m'a mis à même d'être un des hommes (ma modestie ne souffre pas de l'écrire) les mieux renseignés — et le plus complètement — sur les causes et particulières et politiques de la guerre du Riff. J'ai prévu cette tragique aventure un an à l'avance. J'ai tenté, sans succès, d'empêcher, moi aussi, que le sang français coulât... J'ai suivi cette affaire à la piste et j'ai pu me procurer des documents importants (qui sont en lieu sûr) ne laissant aucun doute sur les origines de cette guerre. Et je suis entré en relations et avec le représentant d'Abd-el-Krim à Paris et avec l'homme d'affaires du Roi d'Espagne, M. de Pedrazza, dans le même temps que vous cherchiez aussi, de votre côté, de concert avec ce personnage et trois de vos collègues du Parlement (mais pour des motifs autres que les miens) à faire pression sur le chef du Gouvernement français, M. Herriot, pour l'amener à reconnaître Abd-el-Krim. Je n'ignorais point l'intérêt que M. de Pedrazza et le Roi d'Espagne, son associé et son maître, avaient dans l'affaire, car je connais fort bien l'histoire et du Riff et d'Abd-el-Krim et des mines de fer et de cuivre du Djebel Hammam qu'un richissime américain, ami de vos amis espagnols, était disposé à exploiter. Moi, ce qui m'intéressait, c'est qu'on remplaçât au Maroc le Maréchal Lyautey, qui était en train d'amorcer la guerre actuelle, prétexe, croyait-il, à son maintien à Rabat. Mais l'Angleterre ne nous permit pas de traiter avec Abd-el-Krim. Et ce fut la guerre !

Pendant la durée des opérations militaires actives, j'ai, par patriotisme, patienté ; mais, depuis quelque temps, en constatant la volonté de M. Briand de refuser la paix, je me suis décidé à répandre la vérité, toute la vérité, sur l'aventure riffaine. J'ai commencé une série de conférences dans les milieux auxquels j'appartiens et dans lesquels vous comptez vos amis. Et je vais publier une brochure où je prendrai mes responsabilités et mettrai les autres en face des leurs.

Votre arrivée au pouvoir me fait penser que, peut-être, vous voudrez user de votre puissance pour arrêter les frais en argent (cet argent qui nous fait tant défaut en France) et en vies humaines, dont nous sommes également si appauvris. Ne pensez-vous pas que voilà assez de milliards gaspillés, assez de sang répandu ?

Vous voici Ministre et Ministre de l'Intérieur, ce qui vous permet de tâter le pouls de l'opinion publique et de savoir que cette guerre du Riff est un élément d'agitation admirable contre le régime et qu'elle pourrait être mortelle pour la République ! (Ne voyons-nous pas les Fascistes - tout comme les Communistes - se déclarer contre elle ?). Au point où nous en sommes, il n'y a plus rien à ménager, c'est pourquoi je ne crains pas de montrer au public que, derrière les actes qui engagent le plus les destinées du Pays, se cachent toujours des intérêts particuliers. Je considère donc comme un devoir de dire tout ce que je sais ; mais c'est un devoir bien pénible de tarir les illusions du bon peuple de France ; c'est ce qui justifie la présente et ultime démarche que j'ose aujourd'hui auprès de vous.

Veuillez agréer, Monsieur le Ministre, l'assurance de mes sentiments respectueux.

A.-V. DUNET
100, rue Saint-Lazare
Paris (9e)

M. Malvy ne répondit pas à cette lettre. Deux jours plus tard, il partait pour une destination inconnue, dans le midi de la France. Puis, au bout de quelques jours, il démissionnait.

LA RÉPUBLIQUE RIFFAINE [1]

Le Riff est un pays montagneux, s'étendant presque sur toute la longueur du Maroc, de l'Est à l'Ouest, entre le méridien 50 et le méridien 9ᵉ ouest, de Mélilla à Larache. Il a environ 120.000 km. de superficie et il est peuplé d'environ 1.000.000 d'habitants parlant tous la langue berbère analogue au kabyle d'Algérie. Les montagnes sont la continuation de la chaîne de l'Atlas. Leur hauteur varie en général de 500 à 1.000 mètres (Djebel beni Ouriaghel, Djebel beni Touzene, etc.) mais certains pics atteignent 2.500 mètres, c'est le cas par exemple du Djebel Goumara et du Djebel Senhadja. Le pays, très riche au point de vue minier et forestier, comprend plusieurs vallées très fertiles : la vallée de l'oued N'Kour, près d'Alhucemas, aussi fertile que la plaine de la Mitidja en Algérie, et dont l'orientation Sud-Nord permettrait la construction relativement peu coûteuse d'un chemin de fer allant de Fez à Alhucemas. Cette vallée est entre les mains du Gouvernement riffain. La vallée de l'Oued Kert, d'une largeur de 20 km. comme la vallée de l'Oued N'Kour, est parallèle à celle-ci. Les deux rivières principales du Riff, Oued N'Kour et Oued Ghis, distantes d'environ 30 km., comprenant entre elles le massif montagneux désigné sous le nom de Djebel el Hemam, qui contient des gisements métallifères, fer, zinc, cuivre, plomb, etc., très importants. Une autre rivière, l'Oued Amara, se jette dans la Méditerannée. Ces trois rivières ont environ cent km de long. Dans l'Océan Atlantique, se jettent le Tahaddant et l'Oued Loukkos, toutes d'environ 120 km. de long.

Détails côtiers. — *La côte de la Méditerranée est très déchiquetée et comprend surtout des falaises. Il y a de nombreuses baies naturelles où peuvent se réfugier des bateaux de fort tonnage, et celle qui est la mieux abritée et la plus grande est la baie d'Alhucemas. Du côté de l'Atlantique, la côte est sablonneuse et peu propice, en général, à l'aménagement économique d'un port. Le Riff a, au point de vue stratégique, une valeur de premier ordre. Il est, en effet, à cheval sur la mer Méditerranée et l'Océan Atlantique. Il encercle Tanger et son hinterland, et la possession de ce port, situé à environ 60 km. de Gibraltar, à l'entrée du détroit du côté de l'Atlantique, permettrait d'interdire l'entrée de la Méditerranée à tout navire arrivant de l'Océan. Il faut remarquer, en effet, qu'à Tanger le chenal, dans sa partie la plus étroite, a seulement 30 km de largeur.*

Situation politique. — *La partie du Riff se trouvant entre les mains des Espagnols s'étend à peine jusqu'à 30 km du rivage, et encore seulement au voisinage de certains ports fortifiés comme Melilla, Tetouan, Ceuta et Larache. La plus grande partie de la côte est entre les mains du gouvernement riffain qui dispose de nombreuses baies naturelles et même de certains ports défendus par de l'artillerie, comme le port d'Adjir sur la Méditerranée.*

De tout temps, le Riff a mené une vie indépendante, ne reconnaissant aux sultans du Maroc qu'une influence politique et religieuse, dont l'importance était seulement fonction du prestige personnel du souverain. Le pays a toujours mené une vie administrative autonome, les différentes tribus entretenant entre elles, grâce aux affinités ethniques et linguistiques, des relations de bon voisinage, mais menant chacune sa vie propre.

Jusqu'en 1920, la lutte contre l'envahisseur espagnol, contre Bou Hamara, c'est-à-dire le Roghi, fut menée alternativement et sans coordination par les tribus les plus menacées. Ce n'est que depuis janvier 1921 qu'un souffle nouveau de patriotisme riffain est né sur tout le territoire, et que toutes les tribus reconnaissent en fait le gouvernement de S. E. Abd-el-Krim-Mohamed. Le gouvernement actuel est assuré par une Assemblée nationale ana-

logue à celle d'Angora, comprenant 55 membres et concentrant entre ses mains tous les pouvoirs. Cette Assemblée a élaboré un pacte analogue au pacte national d'Angora et dont le but est de délivrer le Riff du joug espagnol qui se maintient encore très péniblement dans les régions riffaines citées plus haut.

Le gouvernement désigné par cette Assemblée nationale est composé comme suit :

Président du Conseil : S. E. Abdelkrim Mohamed, président de l'Assemblée.

Ministre des Affaires étrangères : S. E. Abdelkrim M'hamed, vice-président de l'Assemblée et généralissime des forces riffaines.

Ministre de l'Intérieur : S. E. Boudra Ahmed Abdelkrim, membre de l'Assemblée.

Ministre des Finances : S. E. Abdesselam ben Mohamed.

Ministre de la Guerre : S. E. Abdesselam bel Hadj Mohamed.

Ministre de la Justice : S. E. Ben Ali Mohamed (Boulaya) qui a environ 200 cadis (juges) sous ses ordres.

L'impôt est fixé par l'Assemblée générale du Riff proportionnellement à la fortune de chacun. En moyenne, il s'élève à 10 francs par tête d'habitant.

Situation militaire. — Le Riff dispose d'une armée régulière qui comprend de l'infanterie, servant de force de police, et quelques éléments de cavalerie et d'artillerie s'élevant à environ 130.000 hommes.

Les forces irrégulières, bien entraînées à la guerre de montagnes et de tranchées, dépassent 50.000 hommes. L'armement comprend environ 200 canons de petit et moyen calibre, 150.000 fusils Mauser et 3.000 mitrailleuses.

Causes des hostilités Hispano-Riffaines. — Au lieu de se contenter d'un protectorat très large, ne pénétrant pas dans la vie des tribus, les Espagnols ont voulu coloniser le Riff. Leurs officiers, trop jeunes en général, n'étaient réputés ni pour leur conduite, ni pour leur équité. Des frictions sérieuses se produisaient dans tous les endroits où les Espagnols avaient cru avoir pacifé le pays. Un mouvement de protestation se dessina, et un mémorandum exprimant les revendications riffaines fut présenté à Madrid par S. E. Abdelkrim Mohamed en janvier 1919. Les demandes riffaines qui se bornaient à revendiquer pour le Riff un protectorat avec certains privilèges commerciaux et industriels à accorder aux Espagnols furent repoussées.

Les hostilités furent ouvertes en juillet 1921 et aboutirent au bout de huit jours à rejeter les Espagnols jusqu'au rivage, c'est-à-dire à leur faire perdre le résultat de 13 années d'efforts patients.

Les Riffains ne pénétrèrent pas dans la ville de Mellila, habitée par des Européens de toutes nationalités, afin de ne pas se créer des complications avec les nations européennes. Les Espagnols ayant envoyé des renforts évalués à 150.000 hommes de troupes régulières renforcées de quelques milliers de partisans réussirent à donner un peu d'air à leurs principaux ports. Le front riffain, dans les endroits où il ne touche pas la mer, s'en trouve distant d'une trentaine de kilomètres.

Depuis, les Riffains ont gardé l'initiative des opérations, et leur offensive la plus violente est celle du 19 août dernier qui a coûté aux Espagnols 1.350 morts et 3.400 blessés.

La flotte espagnole qui bombardait la côte riffaine a été endommagée par le tir des batteries côtières et, aux dernières nouvelles, le grand cuirassé Espana menace de couler complètement.

Le Riff est une cause de ruine pour l'Espagne, et cette puissance affaiblie par la guerre d'usure qu'elle mène en Afrique du Nord depuis plus de dix ans, ferait mieux de chercher un compromis avec les Riffains basé sur leur autonomie complète que de poursuivre des desseins qui apparaissent maintenant comme utopiques.

(Notice rédigée au début de l'année 1923.)

Le Contrat Gardiner - Abd-el-Krim

IRREVOCABLE CONTRAT

Cet irrévocable contrat passé ce 11 juin 1923 entre son Excellence Si M'hamed Abdelkrim el Kattabi, vice-président de la République du Riff, et S. Exc. Si Mohamed bel Hadj Hitmi, directeur des Affaires politiques et commerciales, habitant tous deux Adjdir, dans la République du Riff, et qui, dans ce contrat, seront dénommés « Le Gouvernement », d'une part :

Et Charles Alfred Paroy, Gardiner, financier, constructeur de navires et ingénieur, habitant, 118, Long Acre, à Londre (Angleterre) qui, dans ce contrat, sera dénommé « Capt. Gardiner », d'autre part.

I. — Ce contrat engage les deux parties qui le déclarent irrévocable et est donné d'après les pouvoirs conférés par le gouvernement ou ses successeurs et ses représentants à Capt. Gardiner.

II. — Le Gouvernement devra remettre au Capt. Gardiner : tous les documents d'ordre économique que Capt. Gardiner désirera, également les plans, cartes, etc., qui seront légalement signés par S. Exc. M'hamed Abdelkrim El Kattabi, vice-président de la République du Riff, et S. Exc. Mohamed bel Hadj Hitmi, directeur des Affaires politiques et commerciales, et de son côté Mr. Capt. Gardiner s'engage à procurer la somme de 300.000 livres, laquelle somme sera versée dans une banque française, au compte de MM. Moulis et Cie, pour le bénéfice du gouvernement du Riff. Le versement de la somme de 300.000 livres sera fait à la signature du présent contrat.

III. — Capt. Gardiner est par le présent autorisé et le gouvernement lui donne pleins pouvoirs pour l'établissement d'une banque d'Etat à Adjdir ou dans toute autre ville qu'il jugera nécessaire; également il est autorisé à établir des agences ou succursales dans les villes du continent ou dans le monde entier. Capt. Gardiner a le droit, d'accord avec le gouvernement riffain, d'émettre des billets de banque riffains de n'importe quelle dénomination et pour un montant qu'il jugera nécessaire, de régulariser les changes, d'escompter ou d'emprunter aux gouvernements étrangers, banques privées ou financières, en faveur du gouvernement du Riff et au nom de la banque d'Etat du Riff.

Le Gouvernement donne à Capt. Gardiner un contrat séparé l'autorisant d'émettre des billets ou des emprunts, cette autorisation portant le numéro C. 00.101.

IV. — Il est également convenu que les concessions du Riff, dans leur intégralité, seront commercialement transférées au Capt. Gardiner, que tout territoire ainsi concédé à Capt. Gardiner le sera aux conditions suivantes :

a) Capt. Gardiner pourra louer, donner concessions et pourra construire sur n'importe quelle partie du territoire d'Etat, des maisons, établissements, chemins de fer ou autres constructions. Le gouvernement s'engage par le présent contrat à respecter et tenir inviolées et protégées toutes les concessions ou locations qui seront faites par Capt. Gardiner;

b) Capt. Gardiner paiera au gouvernement 40 % des profits nets sur toutes concessions, locations ou autres transactions, comme il est indiqué dans la clause précédente et Capt. Gardiner retiendra 60 % pour son propre compte. Les profits seront distribués tous les six mois ou dans un délai raisonnable qui sera convenu entre le gouvernement et Capt. Gardiner; le « net profit » veut dire après que toutes les dépenses provenant des transferts, etc., ont été déduites et payées, et ce n'est qu'après que ces paiements auront été effectués que la division entre le gouvernement et le Capt. Gardiner pourra être faite par la personne qui aura été appointée d'un commun accord par le gouvernement et Capt. Gardiner.

c) Capt. Gardiner sera autorisé à faire toutes expropriations qui lui paraîtraient nécessaires après entente avec le gouvernement riffain.

V. — Le gouvernement du Riff transfère par le présent à M. Capt. Gardiner la concession de tous les gisements de pétrole, mines de charbon, mines d'or, mines d'argents, platine, cuivre, fer ou toutes autres mines de n'importe quelle description appartenant au gouvernement. Le gouvernement attache, au présent, un plan et carte montrant les seules concessions déjà données au Capt. Gardiner. Capt. Gardiner a plein et entier pouvoir et seul le droit, après accord avec le gouvernement, de donner des concessions ou de vendre, louer l'une ou l'autre des mines en territoire ci-dessus mentionné et la carte et le plan, qui seront attachés au présent contrat, devront mentionner en rouge la part transférée à Capt. Gardiner et en bleu les concessions déjà données à d'autres personnes. Capt. Gardiner accepte de respecter ces dernières concessions.

Capt. Gardiner paiera au gouvernement riffain 40 % des produits nets sur toutes transmissions, concessions, locations ou autres transactions, comme il est indiqué plus haut et Capt. Gardiner retiendra 60 % pour son propre compte. Les profits seront distribués tous les six mois ou dans un délai raisonnable qui sera convenu entre le gouvernement et Capt. Gardiner. Le « net profit » veut dire après que toutes les dépenses provenant des transactions, transferts, etc., ont été déduites et payées, et ce n'est qu'après que ces paiements auront été effectués que la division entre le gouvernement et Capt. Gardiner pourra être faite par la personne qui aura été appointée d'un commun accord par le gouvernement et Capt. Gardiner.

VI. — Le gouvernement concède également par le présent au Capt. Gardiner l'exploitation de toutes les forêts appartenant au gouvernement d'après les mêmes conditions énumérées dans l'article 5 du présent contrat.

Capt. Gardiner paiera au gouvernement 40 % des produits nets sur toutes concessions, locations ou autres transactions et

Capt. Gardiner retiendra 60 % pour son propre compte comme il est dit dans l'article 5.

VII. — Le gouvernement concède également au Capt. Gardiner le télégraphe, T. S. F., téléphone, bureaux télégraphiques, lignes et communications, ainsi que l'arrangement postal, bureaux de poste avec tous les aménagements; lui donne la permission et le seul droit d'émettre les timbres-poste, notes postales, en un mot tout ce qui concerne le système postal dans le monde et sur les bases des conventions internationales, après accord avec le gouvernement riffain. Capt. Gardiner a seul le droit et le contrôle sur les ports, docks, chemins de fer, trafics côtiers. Le gouvernement s'engage à prêter main-forte sans aucune rémunération pour la collection des droits de douane qui seront imposés par lui et contrôlés par Capt. Gardiner. Capt. Gardiner paiera au gouvernement sur tous les droits mentionnés à l'article 7 la somme de 75 % et touchera 25 % pour son propre compte. Ces paiements seront calculés comme il est dit à l'article 5.

Capt. Gardiner a seul droit et contrôle sur la ligne côtière (Tanger et Melilla exceptés), la possession de tous docks, ports, chemins de fer existants et le droit exclusif de construire tous ports ou docks futurs, d'imposer et fixer tous droits et taxes qui seront à payer par les personnes qui emploieront ces lieux, et les profits nets seront divisés à raison de 75 % au gouvernement du Riff et 25 % au Capt. Gardiner pour son propre compte en accord avec les arrangements de la clause 4 du présent contrat.

Le Capt. Gardiner assurera exclusivement pour le compte du gouvernement riffain la perception des impôts indirects sur les bases suivantes : 75 % au gouvernement et 25 % au Capt. Gardiner. La perception des impôts directs est exclue de ce contrat et demeure l'entière propriété du gouvernement riffain.

VIII. — Capt. Gardiner aura le droit de transférer ce contrat soit à une compagnie, soit à un groupe financier. Le gouvernement accepte de ratifier ce transfert quelles que soient les personnes nommées par Capt. Gardiner à la condition que les clauses dudit contrat soient rigoureusement observées et que les sous-traitants soient agréés par le gouvernement Riffain.

IX. — Capt. Gardiner s'engage par le présent à organiser et mettre en marche les écoles, collèges techniques et autres établissements d'éducation ou autres institutions jugées nécessaires par le gouvernement dans le but d'étendre l'instruction. Les frais seront payés par un fonds spécial pour l'éducation ou autre que Capt. Gardiner s'engage de créer. Le programme d'études sera agréé par le ministre de l'Instruction publique du gouvernement riffain.

X. — Il est convenu que les concessions mentionnées dans ce contrat seront irrévocables et feront l'objet des lois de la République du Riff et engagent le gouvernement négociateur pour une période de quatre-vingt-dix-neuf ans. Il est également convenu que ces lois seront conformes aux lois internationales concernant les mines, douanes, droits de propriété, formalités, postières ou toute autre loi que le gouvernement s'engage à faire voter sans délai à la demande du Capt. Gardiner.

XI. — Il est également convenu que Capt. Gardiner aura le droit d'établir des théâtres, cinémas, opéras, etc. Capt. Gardiner aura le droit d'établir des lignes de tramways, omnibus, lignes d'autobus privées ou publiques, également d'établir des réseaux électriques et des usines de force électrique pour la lumière chez les particuliers et sur la voie publique. Capt. Gardiner aura la faculté d'ériger des poteaux télégraphiques électriques traversant la voie publique dans n'importe quelle portion du territoire du Riff.

Capt. Gardiner paiera au gouvernement 40 % des profits nets qui seront obtenus de ces concessions, locations ou autres arrangements prévus dans cet article et Capt. Gardiner retiendra 60 % pour son propre compte.

XII. — Si une société est formée pour l'exploitation de ce contrat, S. Exc. M'hamed Abdelkrim el Kattabi et à son défaut une personnalité désignée par le gouvernement, sera le président de cette compagnie ou si un conseil est formé pour la conduite de cette affaire, S. Exc. Si M'hamed Abdelkrim el Kattabi ou la personne désignée plus haut sera président du Conseil.

XIII. — Toute contestation pour l'interprétation de ce contrat sera soumise au tribunal international de La Haye dont la décision sera jugée définitive et engageant les parties.

XIV. — Tout emprunt, émission d'obligations ou toute autre méthode financière faite sous l'égide de Capt. Gardiner ou de ses représentants seront sujets à l'égide du conseil de porteurs d'obligations étrangères si Capt. Gardiner le désire. Les obligations seront émises à un taux au plus égal à 7 %.

XV. — L'emprunt que Capt. Gardiner est autorisé à émettre immédiatement sera une somme n'excédant pas deux millions de livres anglaises. L'intérêt et les conditions de cet emprunt seront signifiés au Gouvernement riffain et établis au mieux des intérêts dudit gouvernement. Les emprunts faits seront garantis par les douanes, prêts ou toute autre garantie fournies par le Capt. Gardiner.

Sur la somme ci-dessus indiquée de 2 millions de livres anglaises, la somme de 300.000 livres anglaises sera payée à MM. Moulis et Cie pour le compte de la République du Riff et servra à l'achat de *marchandises nécessaires au gouvernement;* le solde après déduction de l'escompte sera versé à la banque nationale de la République du Riff et servira au conditionnement du pays. Sur cette somme, une commission de 5 % sera payée à Capt. Gardiner pour son travail pour arranger cet emprunt.

Ce contrat est absolument irrévocable et comprend tou le Riff dans son intégralité.

Il est signé par Son Exc. M'hamed Abdelkrim et Kattabi, vice-président de la République du Riff, et de Mohamed Belhadj Hitmi, directeur des Affaires politiques et commerciales, en raison des pouvoirs investis en eux par le parlement du Riff et dont une copie est attachée au présent contrat.

XVI. — Tous les fonctionnaires des services publics ne dé-
pndront que du Gouvernement riffain, mais le Capt. Gardiner
ou la Société exploitante se réserve la faculté de nommer des
inspecteurs dans les bureaux centraux pour aider à la bonne
gestion et le contrôle au nom de la Société exploitante ou du
Capt. Gardiner.

XVII. — Le gouvernement riffain, qui prend par le présent
contrat l'engagement formel de faciliter au Capt. Gardiner l'exploitation économique du Riff, se réserve le droit de subven-
tionner le Capt. Gardiner ou la Société exploitante pour certains
de leurs travaux dès que l'état des finances de leur pays le permettra.

ABDELKRIM ENVOIE DU PAPIER TIMBRE A LA BANQUE GUET ET CIE

Copie

L'an mil neuf cent vingt-quatre, le vingt-six janvier,
A la requête de son Excellence M'hamed Abdel Krim el
Katabi, agissant comme représentant du Gouvernement riffain,
demeurant au siège du Gouvernement, à Alhucémas (Ajdir).
Elisant domicile en mon étude,
J'ai, Pierre Dintem, huissier près le Tribunal civil de la Seine,
audiencier à la Cour d'appel de Paris, demeurant en la dite
ville, 62, boulevard de Strasbourg, soussigné,
Dit et déclaré, et rappelé à MM. Guet et C°, banquiers, demeurant à Paris, 80, rue Saint-Lazare, ou étant et parlant à une
femme à leur service, ainsi déclaré,
Que suivant conventions verbales des 11 et 15 juin 1923,
MM. Gardiner et Karl Hackländer, ont déposé chez les
susnommés 7.000 livres anglaises d'obligations et garantie de
958.000 sacs à terre en dépôt à la Deutsche Bank de Cologne.

Que ces garanties et sécurités étaient déposées pour ête transmises au requérant au cas de non-exécution par MM. Gardiner et Hackländer des conventions intervenues entre eux et le requérant, le 30 avril 1923, aux termes desquelles le premier navire de marchandises, qu'ils devaient livrer en territoire riffain, devait arriver avant le 30 octobre 1923.

Que l'événement prévu aux conventions verbales du 30 avil 1923 s'étant réalisé et que le requérant ayant pour son compte satisfait aux obligations qui lui incombaient, le dédit de 10.000 livres stipulé au profit du requérant et les garanties et sécuriés déposées chez MM. Guet et C⁰, sont donc acquises au requérant,

Que par le fait de cette acquisition, MM. Guet et C° doivent transmettre au requérant telles qu'ils les ont reçues les sécurtés dont s'agit;

Pourquoi, j'ai, huissier, soussigné et susdit, fait sommatio> à MM. Guet et C° de, immédiatement, transmettre au requéant les 7.000 livres anglaises d'obligations dont s'agit, ainsi jue la garantie de 958.000 sacs de terre, en dépôt à la Deutsche Bank, à Cologne.

Leur déclarant que faute de ce faire le requérant se pourvoira pour les y contraindre.

Dont acte sous toutes réserves.

Et je leur ai laissé la présente copie.

Coût : dix-sept francs, dix centimes.

Employé pour la copie une feuille format timbre à deux francs.

Dintem

Sous enveloppe fermée ne portant d'autres indications d'un côté que les noms et demeure de la partie et de l'autre, que le cachet de mon étude apposé sur la fermeture du pli, le tout conformément à la loi.

Une lettre du Capt. Gardiner

29, rue des Pyramides,
Paris
21 st. April 1923,

Messrs Moulis et Cie,

Riff of Morocco Concessions.

Gentlemen,

When you first mentioned this matter to me, you told me that you owned :

1) A concession which was still in force, and.

2) The title to certain lands in the Riff consisting of about 10.000 hectares.

In consideration of you assigning the concessions and your title to the land to me, you suggested that if you would introduce me to the parties who could contract with me a further and fuller concession on behalf of the Riff Government I should allow you thirty five per cent of the nett profits which I might make out of the whole business. Subject to my solicitor agreeing to this I promised to consider this suggestion favourably. I did so fully believing that the statements you made to me were true.

It is now, however, perfectly clear that you do not hold the concessions or lands, as your title thereto depended upon your supplying the Riff Government with twenty million francs worth of War Material within eight weeks from the 21 st December 1922, and that such goods not having been supplied, the concessions and title to the lands lapsed. However, you informed me that you had paid the sum of thirteen million francs for the concession and lands and you told me on Thursday morning that you would satisfy me that such money had been paid. You promised to produce to me in the afternoon the receipt for the money and told me that the only reason you could not then produce the document at our interview in the morning was that it was being photographed. I therefore arranged for the Vice-President of the Riff Republic to meet you in the afternoon, and you were in the meanwhile to consider the draft agreement which I had handed you.

I will say as little as possible as to what happened in the afternoon except to record the fact that after the Vice-President had indignantly denied that he had ever been paid the money for which you were unable to produce a receipt, or any evidence that it had ever been paid by you, you finally admitted not only that the concession and title had lapsed but also that you had never paid the money or any part of it, *and had only alleged* you had done so to compel me to grant the agreement on nore generous terms to you selves.

. *However, I desire to act fairly to you, and I therefore offer you the following terms :*

1. Providing that you accept the whole of the following conditions, I will pay you a sum equal to thirty per cent of the nett profit which I may make out of the business.

2. I am to be at liberty to handle the business in such way as I think fit without reference to yourselves.

3. I am not to be asked either to render any account or pay over any part of the profits until six months from the date on which my concession comes into force, and I will therefore render accounts and make payments thereafter every six months.

4. If no profits are made, you to have no claim upon me.

5. Any dispute as to the effect of this Agreement or to your rights thereunder to be referred to the arbitration of Messrs Sewell and Maugham, Solicitors, of 54, rue Faubourg Saint-Honoré (Sollicitors to the British Embassy), and to be determined according to British Law (1).

---

(1) Ce passage, qui désigne l'avocat de l'ambassade d'Angleterre à Paris comme arbitre en cas de contestation, doit suffire pour confirmer ce que nous disons par ailleurs à propos de l'influence occulte de « la perfide Albion » dans nos démêlés avec le Riff.

6. *You are forthwith to hand me the whole of the documents in your possession relating to the Riff Government, and particularly the concession and documents of title to lands, and to ack-*

7. *You are forthwith to hand me an irrevocable letter addressed to Messrs Guet et Cie, authorising them to retain fifty cents U. S. A. currency from each unit of the goods mentioned in the Moulis-Gardiner contract of the 25 th January 1923 and the Sidney-Bousquié contract of the 25 th January 1923 up to one hundred tousand pounds, such money to be retained as received by Messrs Guet et Cie and may be used within two months for the purchase of goods supplied by you, and to be used by me for the purpose of fulfilling my concession from the Riff Government, and the issuing of Bonds etc. Any of such monies not thus used within two months to be handed to me by Messrs Guet et Cie, and are to become my absolute property.*

8. *I will issue to you on behalf of the Riff Government security for the repayment to you by such Government of the said sum of one hundred thousand pounds or such part as will be used as hereby provided in accordance with the terms and conditions upon which such Government will secure and provide for the repayment of the million pound loan which I am to raise on behalf of the Government inder the concession agreement.*

9. *The nett profits from the concession will be ascertained by deducting from the gross profits :*

a) *All disbursements actually made by me in carrying out the said business and all such disbursements are to be at my sole discretion.*

b) *A sum equal to thirty per cent of the gross profits to cover petty disbursements and expenses and to recompense me for my time and trouble in connection with the said business.*

10. *All goods ordered by and supplied by you to the Government will after inspection and approval on board ship by my inspector on behalf of the Governement be paid for on deli-*

very *F. O. B. French Port.* The latest date for delivery at French port whill be 21 st June next.

11. *If no goods are ordered from you on behalf of the Government before 7 th June next, the monies accumulated urder Clause 7, will be released to you at the end of two months. Inthat event the profits which I shall pay you will be reduced to twenty per cent of the first two hundred thousand pounds worth of nett profits which I shall make out of the concession, such profits to be determined and paid at such times as hereinbefore provided. If no geods of less value than one hundred thousand pounds are ordered, the difference between the hundred thousand pounds and value of the goods ordered will be released to you.*

12. *If goods are ordered from you on behalf of the Riff Govenement on or before the 7 th June next, and you fail to make delivery thereof as hereby provided, or if such goods fail to meet with approval as aforesaid, the monies accumulated under Clause 7, shall be paid over to me and may be used by me in purchasing the goods required by the Riff Government, and any balance, or if the said monies are not so used then the whole thereof shall be held by me until the damages sustained by me by such non-delivery or non-approval can be determined and such damages shall be retained by me out of such monies and the balance only (if any) shall be returned to you.*

I shall be glad to know that these suggestions are satisfactory to you. If so I will have a draft agreement embodying same prepared and submitted to you.

I shall be glad to heard from you first thing on Monday morning.

Yours faithfully,

Gardiner Capt.

L'AVEU OFFICIEL

Dans une lettre adressée à M. Pierre Lyautey, neveu du maréchal, le chef de cabinet de ce dernier établit le plan d'action offensive et contre le Riff, et contre l'opinion publique française.

Résidence Générale de France
      au Maroc.

   Le Chef du Cabinet civil
                                    Le 25 mai 1925,

      Mon cher ami,

Je reçois à l'instant les intéressantes lettres des 19-22.

D'abord, qu'il soit bien entendu que de pareilles lettres venant de toi me sont toujours infiniment précieuses, et que tu n'as vraiment pas à t'excuser de me les écrire. Tu comprends bien que vis-à-vis du « front » parisien, je fais un « tout » de mes moyens d'action et que je m'efforce, pour la cohérence, l'efficacité et aussi l'allégement de ma tâche, à les constituer en « équipes » — et toi, le neveu, toi si bien placé par ton poste actuel, et par ceux que tu assembles, tu es, je te l'assure, l'une des pièces maîtresses de mon action. C'est ainsi que je t'ai toujours considéré. Aujourd'hui plus que jamais.

Ceci posé, n'oublie pas que tu as, à Paris même, des sources d'information pour le détail comme pour la synthèse tout à fait au point et munies.

Ce sont Nacivet (1) et Séguy (2), d'une part, et le colonel Vincent, d'autre part.

Dès le début des hostilités, j'ai rappelé cette consigne générale que l'on devait tenir à la disposition toute la documentation.

---

(1) Directeur de l'Office du Maroc à Paris (maintenu par M. Steeg).
(2) Juge de paix à Rabat, détaché à Paris comme agent de liaison auprès de la grande presse.

Depuis quinze ou vingt jours, j'ai adressé à des agents un certain nombre de lettres-synthèses que je crois très explicites et complètes et où je réponds par avance aux questions que tu me poses.

Enfin, Vincent « pige » et « sait ». Son remarquable article d'ensemble dans l'Illustration du 16, m'en apporte une preuve excellente.

Je sais bien que les uns comme les autres ont des défauts. Mais je suis bien obligé de me servir de ce que j'ai puisque, par ailleurs, ils ont de grandes qualités.

Et ceci est mon excuse de ne pas t'avoir écrit, à toi, car je croyais sincèrement que tout ce que j'écrivais à Séguy et à Nacivet t'était donné, croyant que tu les voyais presque quotidiennement puisque leur rôle fait qu'ils sont actuellement la source de tous les tuyaux sûrs et de tous « leurs commentaires opportuns ».

Etablis donc avec eux une liaison de « giberne » et demande leur de te communiquer mes papiers.

Quant aux journalistes « une bonne poignée » qui sont actuellement à Fez, je crois qu'ils sont bien orientés et que leurs correspondances seront de nature à dissiper certains malentendus ou certaines légendes.

Quoi qu'il en soit (une certaine lettre que j'écrivis à Piobb (1), qui est communiquée à Séguy et à Nacivet, répond à ces critiques), je réponds à tes questions :

1° Critique de la surprise qui se décompose en trois temps :

a) Nous n'avons pas été renseignés;

b) Nous avons eu tort d'établir un chapelet de petits-postes qui ont été vite encerclés et qu'il a fallu dégager;

c) Nous avons eu tort d'aller, en mai 1924, au nord de l'Ouergha.

Réponse :

Le maréchal a été tellement bien renseigné et avait tellement

---

(1) Comte Vincenti-Piobb, chef du bureau de presse à l'Office du Maroc à Paris.

bien prévu ce qui allait se passer que, depuis janvier 1924 (voir ses rapports au gouvernement), il avait perçu :

1° Qu'Abd-el-Krim, devant la carence espagnole (évacuation, entente) nous attaquerait;

2° Que son attaque serait brusquée, soudaine (leçon des événements de la zone espagnole) ;

3° Qu'elle serait « à allure de propagande » par la terreur dans les tribus soumises.

C'EST POURQUOI, EN MAI 1924, ALORS QU'ABD-EL-KRIM, TROP OCCUPE AVEC LES ESPAGNOLS, NE POUVAIT REAGIR, IL A VOULU CONSTITUER AU NORD DE FEZ, POINT VITAL ET BUT PROBABLE DE L'ENVAHISSEUR, UN FRONT STRATEGIQUEMENT MEILLEUR QUE CELUI QUE NOUS OFFRAIT LA RIVE SUD DE L'OUERGHA.

En mai 1924, ce front a été constitué sur une ligne stratégique, sorte de « hauts de Meuse » marocains, au nord de l'Ouergha — sans coup férir.

Depuis mai 1924, ce front a été renforcé, fortifié et relié à l'arrière par un système de routes, ponts, voies ferrées.

Ce front était au point de vue fortifications, constitué par une série de postes s'appuyant les uns les autres, postes destinés :

a) A tenir le pays sous notre obédience aussi longtemps que possible;

b) A surveiller l'avant (service de renseignements) ;

c) A arrêter l'ennemi le temps nécessaire pour porter les groupes mobiles à pied d'œuvre;

d) A le fixer.

Ce dispositif a été choisi, je le répète, parce que le maréchal savait que l'attaque serait brusque.

Ne confondons pas « surprise » et « soudaineté ».

L'attaque « soudaine » ne nous a pas « surpris » :

a) Parce que nous savions qu'elle serait soudaine ;

b) Parce que, depuis un an, nous avions établi un front fortifié conçu précisément pour arrêter une attaque soudaine.

Le dispositif a magnifiquement joué son rôle. Les groupes mobiles ont pu arriver à pied d'œuvre, sans « pépins ». Et ces groupes ont pu « tenir le coup » jusqu'à l'arrivée des renforts.

Ces renforts étaient prévus et prêts, soit en Algérie, soit en France. C'est là un secret de la mobilisation générale que l'on n'avait pas et que l'on n'a pas à révéler.

1ᵉʳ échelon : Algérie ;

2ᵉ échelon : France.

Ces deux échelons restaient dans leurs garnisons. Or, pourquoi les entasser au Maroc, avec toutes les dépenses que cela représente, si l'éventualité en vue vue de laquelle ils étaient prévus ne se réalisait pas ?

Le dispositif fortifié des postes, celui des groupes mobiles casernés au Maroc devaient permettre à ces deux échelons d'arriver à pied d'œuvre en temps utile.

C'est ce qui s'est produit puisque nous avons des ports (Casa-Kénitra), des routes (partout, jusqu'au front : Ain, Aïcha, Kiffane, vers El Bâli), des chemins de fer : voie de 0,60 Oudjda-Fez, voie de 0,60 Kénitra-Ouezzan, voie normale Casa à Fez (inaugurée le 25 avril).

Les voies de communications créées par le maréchal permettaient cette concentration par échelons — et la concentration par échelons s'est faite le plus facilement du monde.

Qu'après cela on n'aille plus dauber sur la « surprise », « l'imprévoyance », le « service des renseignements » et les « postes de 1924 ».

Quant à la pensée politique, comme tu le dis, un peu de patience, que diable ! Toute la question est de savoir ce que fera l'adversaire, puisque nous ne pouvons aller chez lui.

Ou bien il traitera. Mais qu'est-ce que cela vaudra pour l'avenir ?

Ou bien il continuera à nous attaquer, tantôt sur un point, tantôt sur un autre : c'est la guerre perpétuelle.

Ou bien nous pourrons aller chez lui, d'accord avec les autres puissances, et c'est une très grosse affaire.

Que l'on ne demande pas au maréchal de faire comme Primo de Rivera qui a annoncé ce qu'il allait faire, ce qui a coûté ce que tu sais. Son replis pris dans un effroyable remous d'insurrection et effectué dans des conditions tellement onéreuses, sanglantes et, pour tout dire, déshonorantes, qu'il vaut mieux, dans l'intérêt de nos relations avec l'Espagne, les oublier.

IL EST UN POINT BIEN CERTAIN : C'EST QUE LE MARECHAL EST ENTIEREMENT, EFFECTIVEMENT ET MATERIELLEMENT D'ACCORD AVEC LE GOUVERNEMENT, ET QUE CE DERNIER FAIT TOUT CE QU'IL FAUT, TOUT CE QU'IL DOIT. Le devoir de tout bon Français qui n'oublie pas que nous jouons l'avenir au Maroc, c'est-à-dire notre avenir méditerranéen, Algérie, Tunisie, c'est sur ce point de le soutenir à fond.

Quant aux personnalités Herriot, Boncour, la liaison est assurée. Blum, comme tu le dis, est au courant par Berthelot et cette liaison ne peut que se resserrer. Je ne t'en dis pas plus pour aujourd'hui.

Un article dans la Dépêche de Toulouse serait excellent. Tu en as les éléments dans cette lettre et dans l'article de Vincent (Illustration du 16), et d'une giberne d'une heure (voir lecture de papiers), avec Séguy et Vincent.

Charge-toi de Romier, Bainville, Simond, grâce à ces divers éléments. Mais que des « messieurs » comme eux donnent l'exemple aux freluquets. Ce n'est pas le moment de « giberner », c'est celui de se « taire » et de « tenir ». Leur effort doit faire sortir la question rifaine du domaine politique pour la replacer sur le plan national.

Tiens-moi au courant. A toi, en toute affection.

Signé : VATIN-PERIGNON.

Ci-joint copie de la partie essentielle de ma lettre (très mal écrite) et qui pourra te servir si tu veux la montrer.

AUTRE AVEU

Un étrange capitaine d'artillerie coloniale, de l'armée active, M. Renaud (Jean), résidant à Casablanca, où il bénéficia pendant longtemps du supplément de solde colonial et de la campagne de guerre, utilisait ses nombreux loisirs en fabriquant, sur l'ordre de la Résidence générale, des reportages sensationnels à l'usage de la presse parisienne. Le Résident général le mit en congé en 1924 afin de lui permettre de se consacrer entièrement à l'offensive de bourrage de crâne qui devait précéder « *les infiltrations riffaines brusquement révélées* ». Ce brave capitaine, pourtant méridional, manqua de la finesse indispensable à un chef d'orchestre chargé d'exécuter un morceau particulièrement délicat. Ce singulier militaire va nous fournir *l'aveu formel* du plan méthodiquement préparé par son chef. Nous le trouvons dans un de ses articles intitulé : « Allons-nous avoir une campagne du Riff? » et publié dans le *Journal des Coloniaux* du 11 octobre 1924. C'est un devoir de style sur le même canevas fabriqué par le Cabinet civil et largement diffusé par le bureau de presse de l'office du Maroc, à Paris. Je ne le mentionnerais pas s'il n'établissait indiscutablement les responsabilités de la guerre du Riff dans le passage suivant :

« ... Les événements se succèdent avec une rapidité telle qu'il se produira, à Tanger, quelque débarquement de troupes internationales, ou, devant nos propres troupes, une obligation d'intervenir contre un Abdelkrim victorieux qui, d'ailleurs, prépare, à cette heure, des passages sur le Haut Ouergha.

« Il nous restera, dans le dernier cas, deux solutions : ou agir politiquement, ce qui sera long, délicat et dangereux puisque le Riff continuera à nous menacer directement dans les œuvres vives de Meknès, de Fez et de nos voies de communication; ou intervenir militairement, surtout qu'Abdelkrim ne cache pas qu'il espère profiter, contre nous, du mauvais temps qui rend les pistes impraticables, partant les transports et les ravitaillements impossibles. Or, agir militairement veut dire qu'il y aura des combats. Je sais, on ne veut pas entendre parler; mais si, au début, le général de Chambrun a réussi une conquête pacifique, *grâce à une préparation de plusieurs années du service des renseignements*, il n'en sera pas de même avec les mehallas turbulentes et admirablement armées d'Abdelkrim. « *On fera colonne* », et c'est singulièrement abuser l'opinion qu'aller lui raconter le contraire parce qu'elle doit savoir que la France, en Afrique du Nord, ne peut, pour une raison vitale, *admettre à côté ou au-dessus d'elle, la menace de dissidents fiers de leur victoire sur des Roumis.* »

UN TEMOIGNAGE

L'offensive du maréchal Lyantey, dans le Riff,
fut commencée en 1922

INFORMATION ET PROPAGANDE (1)

> « *Le Bureau de la Presse est destiné à ré-*
> *pandre les renseignements qu'il y a intérêt*
> *à divulguer et à faire connaître.* »
>
> (Budget du Maroc.)

En voyant, dans notre budget du Maroc, que le Cabinet Civil du Résident jouit d'un crédit de 779.920 francs, on serait tenté de se demander pourquoi ce crédit est en augmentation sur celui de l'année précédente de 317.660 francs. Le directeur des Finances n'a pas été sans se poser la question, ni sans la poser au Gouvernement, car il en apporte, en note, l'explication suivante :

« L'augmentation de l'article 2 provient du relèvement des traitements et de la création d'un service d'information et de propagande chargé, d'une part, de rassembler toute la documentation utile au Protectorat, et, d'autre part, de faire connaître au public, notamment par la voie de la presse, tous renseignements qu'il peut y avoir intérêt à divulguer et à répandre. »

Voici donc l'acte fondamental du bureau de la Presse, qui compte — qui comptait, car leur nombre a augmenté depuis, mais nous nous en tenons aux chiffres imprimés dans le dernier

---

(1) Article écrit en décembre 1922 (et composé pour le journal quotidien de Casablanca « La Presse Marocaine ») et dont la censure ne permit pas la publication. On en tira néanmoins, en épreuve, quelques centaines d'exemplaires destinés à la presse et aux parlementaires.

budget — deux attachés et un rédacteur à Rabat, un chef de bureau et trois rédacteurs à Paris.

Quel peut bien être le métier de ces gens là ? On vient de le lire, et c'est vrai : ils sont chargés de la propagande. Il est permis de se demander, en tant que contribuable, et puisque nous les payons, comment ils s'acquittent de cette mission particulièrement délicate qui consiste à faire connaître au public tous renseignements qu'il peut y avoir intérêt à divulguer et à répandre.

Bien entendu, c'est à Paris qu'ils opèrent : nul n'est prophète en son pays, c'est matière de bréviaire, et les élucubrations de ces Messieurs feraient rire au Maroc, si même elles ne faisaient pas fâcher. Depuis quelque temps, comme toutes les fois que la Résidence s'apprête à partir pour Paris, on note une recrudescence d'activité. De puissants critiques militaires parlent savamment de la campagne du Moyen Atlas, de très loin ; des députés étudient le budget marocain de très haut ; les agents d'affaires s'occupent de la betterave, de très près ; notre excellent confrère Martin Salvadori, dont « l'Union Marocaine » paraît une fois de temps en temps, et plus spécialement lorsque M. Piétri est à Paris, publie un numéro de quatre pages où douze articles de fond vantent l'habileté, la sagesse et la prudence du Grand Argentier, et détruisent la « légende » de la ville nouvelle à Rabat, de la Ville-Cerveau ; la « légende » des automobiles du Résident ; la « légende » de sa villa, toutes ces « légendes » enfin dont nous nourrissons au Maroc nos imaginations déchaînées.

Mais ceci n'est qu'une part du travail de ces Messieurs : il y a plus et mieux à faire, il y a d'autres renseignements « qu'on a intérêt à divulguer et à répandre ».

Ainsi, la question de la colonisation. Il est facile de se rendre compte combien devenaient gênantes en France les plaintes de tous les colons contre le régime prohibitif qui leur est appliqué au Maroc. Il y avait donc intérêt à divulguer certains renseignements. Le bureau de la presse ne manqua pas de les fournir à M. Eugène Devaux, qui partit bravement en guerre dans la « Dépêche Coloniale » contre les colons français du

Maroc, les traitant de brutes, blâmant nos tribunaux de ne se pas montrer assez sévères pour eux, et concluant qu'ils feraient beaucoup mieux de rester en France.

Bravo ! voilà au moins du bon travail, et le bureau de la presse n'a pas volé son traitement.

Tenez, autre chose : il y a quelques jours, le « Progrès de Fez » signalait, dans un article fort intéressant, que nous avons reproduit, les motifs de l'exode des juifs de Fez. La chose était capable de faire mauvais effet en France : il fallait donc que le bureau de la Presse divulguât certains renseignements. Il n'y a pas manqué, et nous pouvions lire dans le « Courrier Colonial » du 8 décembre les lignes suivantes :

Pour des raisons politiques, parfaitement justifiées, les Juifs sont tolérés à Fez, sans plus. Ils n'ont le droit ni d'acheter des immeubles, ni d'ouvrir des magasins dans la Médina. En justice leur témoignage est moins prisé que celui des musulmans. Ils font moins d'affaires depuis que le sultan est à Rabat, et leurs spéculations sur le travail des indigènes qu'ils commanditent ne sont pas toujours heureuses. »

... J'en passe, que nous aurions scrupule même à reproduire. Et il termine ainsi :

« Nous ne savons pas ce que gagne l'Angleterre à naturaliser tous les Juifs qui se présentent à elle, mais nous, par l'exemple de l'Algérie, nous savons ce que nous perdrions à naturaliser en masse tous les Juifs du Maroc.

« Si l'on ne peut les conserver qu'à ce prix sur la terre chérifienne, il vaut mieux ne pas s'opposer à leur exode. »

Les Juifs sont néanmoins, semble-t-il, bons à payer l'impôt, et il paraît douteux qu'ils puissent être très satisfaits que l'on dépense 150.000 francs par an à entretenir un bureau de la Presse chargé de « divulguer » semblables renseignements.

Il y a aussi la question de la durée de la campagne de pacification qui commence à devenir gênante, non point parce que cela marche mal, mais parce que l'on a annoncé à son de trompe que tout serait terminé dans un délai manifestement trop court. Et comme cette question de la pacification est celle qui rend indis-

pensable, aux yeux de plusieurs membres, et des plus éminents, du Parlement, la prolongation, malgré ses imperfections, du système civil actuel, il faut en expliquer, en obtenir la prolongation. Là aussi, il devenait nécessaire de divulguer et de répandre certains renseignements. On en chargea la « Dépêche Coloniale » qui, dans son numéro du 5 décembre 1922, publiait un long article intitulé : « Face à Face », article écrit à Rabat, et dont l'auteur ne se donnait même pas la peine de voiler le caractère officieux.

Cet article exposait, en deux colonnes, et à l'aide de véritables « renseignements » fournis par le service du même nom, que le retard de la pacification était dû à l'Espagne. Il se terminait par ces lignes au moins surprenantes dans leur style et leur allure de communiqué officiel, et que nous ne voudrions pas prendre à notre compte et publier sous notre responsabilité :

« CETTE MANIERE DE FAIRE, CONTRAIRE A TOUTES LES LOIS DIPLOMATIQUES, A LA COURTOISIE ET A L'HONNETETE, VA NOUS CONTRAINDRE A REVEILLER LE FRONT D'OUEZZAN; ET, DU FAIT DE LA... MAUVAISE VOLONTE ESPAGNOLE, NOUS ALLONS AVOIR UNE CAMPAGNE A FAIRE ET DES DEPENSES A ENGAGER.

« Ceci, au moment où le rapport singulier des crédits de guerre réclame, sur un ton que la politesse du monde réprouve, des économies d'hommes et d'argent.

« IL FAUT QUE L'OPINION PUBLIQUE FRANÇAISE SACHE QUE LE PLAN MILITAIRE DU MARECHAL LYAUTEY, QUI A REUSSI PARTOUT, PEUT ETRE MIS, AUJOURD'HUI, SINON EN ECHEC, DU MOINS EN RETARD, PARCE QUE LE MARECHAL A EU LE TORT DE COMPTER SUR LA FOI DES TRAITES ET SUR LA PAROLE ENGAGEE DE VOISINS, QUI OUBLIENT A LA FOIS

LEUR DIGNITE D'HOMMES CIVILISES ET LEUR ROLE D'EUROPEENS EN AFRIQUE. SI REELLEMENT LA SITUATION NE CHANGEAIT PAS A LA SUITE D'ECLAIRCISSEMENTS AUSSI NETS, NOUS DEVRIONS NOUS RESOUDRE A OCCUPER UN NOUVEAU FRONT A NOTRE FRONTIERE SEPTENTRIONALE, ET A Y CHANGER ENTIEREMENT NOTRE MANIERE DE FAIRE. »

Voilà ce qu'on appelle les renseignements qu'il peut y avoir intérêt à divulguer et à répandre. Ils sortent, notez-le, du Bureau de la Presse lui-même, qui grève notre budget de deux cent mille francs par an; quant aux autres renseignements sur ce qui se passe en réalité au Maroc, et que, par conséquent, il ne saurait y avoir intérêt à divulguer ni à répandre, nous avons la censure...

Protesterons-nous une fois de plus contre ces méthodes de Gouvernement. A quoi bon.

Nous constatons, et nous attendons.

LE PASTRE.

PREMIERE LETTRE DU CAPITAINE GORDON CANNING ADRESSEE A M. BRIAND, PRESIDENT DU CONSEIL, LE SAMEDI 26 DECEMBRE 1925 (1).

Monsieur le Président.

J'ai l'honneur de vous informer que je suis arrivé à Paris mardi 22 décembre, porteur d'une lettre officielle de Mohamed Ben Abd-el-Krim, chef du Riff. Cette lettre me désigne personnellement pour recevoir, au nom du gouvernement du Riff, les

---

(1) Lettre lue à la tribune de la Chambre par M. Renaudel et publiée par *Le Quotidien.*

conditions de paix offertes par M. Painlevé, au nom de la France et de l'Espagne, en juillet dernier.

J'espérais recevoir du Quai d'Orsay l'invitation de m'y rendre pour avoir un entretien avec le ministre des Affaires Etrangères; comme je n'ai rien reçu jusqu'à ce jour, j'ai l'honneur de vous écrire moi-même et de solliciter une audience aussitôt que possible.

Je désirerais en même temps attirer votre attention, Monsieur le Président du Conseil, sur le fait suivant concernant mon voyage, dont la signification et l'importance ne peuvent vous échapper.

Les 29 et 31 octobre derniers, j'ai eu l'honneur d'être reçu par MM. Painlevé, Malvy et Perrier. Mes recommandations auprès de ces personnalités étaient suffisantes, je crois, pour lever tous les doutes quant à ma situation, car elles me furent données par un citoyen français qui me connaissait personnellement depuis 1914. Moi-même, j'ai déclaré franchement :

— Je suis ici tout d'abord comme un ami des Riffains, mais je ne suis pas pour cela un ennemi de la France.

A cette époque, d'après des comptes rendus de discours prononcés par des personnalités responsables appartenant aux gouvernements français et espagnols, j'avais compris que la France et l'Espagne avaient fait tout en leur pouvoir pour offrir une paix juste et loyale, mais qu'Abd-el-Krim n'avait voulu faire aucune démarche pour s'assurer si ces offres étaient réelles et si elles étaient acceptables.

En conséquence, je résolus, si l'autorisation m'était accordée, de me rendre ouvertement dans le Riff et de conseiller au chef riffain de prendre officiellement connaissance de ces conditions.

Je m'étais dit : « Comme j'ai travaillé pendant dix-huit mois en faveur du Riff, tant pour faire reconnaître les Riffains comme belligérants qu'avec la mission de la Croix-Rouge, sans avoir jamais demandé ni concessions ni aucune récompense matérielle, on m'écoutera peut-être et l'on suivra mon conseil.

Le 31 octobre, je montrai à M. Malvy une lettre qui m'était adressée par le chef riffain, — lettre qui prouvait que ma situation et mon travail n'avaient qu'un but humanitaire, et qui discutait de certains points relatifs à la paix.

Dans mes conversations, je réclamai des éclaircissements sur certaines des conditions de paix qui avaient été publiées dans la presse, particulièrement en ce qui concernait : 1° la question des officiers français et espagnols qui devaient commander la gendarmerie riffaine; 2° sur le mot autonomie.

On m'expliqua aussitôt que les gouvernements français et espagnol n'avaient fait aucune demande tendant à placer leurs officiers à la tête de la gendarmerie et, en ce qui concernait l'autonomie, on me fit comprendre qu'elle serait offerte de la façon la plus libérale.

Après avoir entendu ces explications, je reconnus que les conditions de paix offertes en juillet pourraient présenter une base de négociations et, en conséquence, je me chargeai d'expliquer le mot « autonomie » — un mot qui devait être tout à fait étranger à Abd-el-Krim et qui, sans aucun doute, lui donnerait de grands soupçons.

J'étais donc disposé à conseiller au chef riffain d'accepter une autonomie qui lui donnait 60 0/0 de ce qu'il demandait, sous la formule d'une complète indépendance. Les principales différences seraient :

1° Reconnaissance du Sultan du Maroc comme chef religieux;

2° Aucune représentation à l'étranger;

3° Acceptation des tarifs existants au Maroc;

4° Au point de vue commercial, politique de la porte ouverte.

MM. Malvy et Perrier répétèrent plusieurs fois que tout ce qu'ils avaient dit représentait les vues aussi bien de l'Espagne que de la France.

M. Painlevé hésitait un peu au début à donner l'autorisation nécessaire, étant donné qu'il pensait que la France avait déjà fait tant d'ouvertures de paix aux Riffains que d'en faire de nouvelles serait indigne de son prestige.

Néanmoins, après avoir réfléchi et fait une visite au ministre des Affaires Étrangères, M. Briand, M. Painlevé me remit une lettre personnelle pour M. Steeg et donna les ordres nécessaires aux services officiels.

M. Painlevé déclara :

— Beaucoup de gens critiquent le gouvernement pour offrir en octobre, après nos victoires, les mêmes conditions de paix qu'en juillet dernier; mais la France est une grande puissance et peut se permettre d'être généreuse.

Le gouvernement considère donc que l'offre de juillet reste ouverte à l'acceptation d'Abd-el-Krim, où tout ou moins comme base pour servir à l'ouverture des négociations.

J'ai demandé si je pouvais prendre comme exemple de l'autonomie accordée aux Riffains le statut de l'Etat libre d'Irlande.

Il me fut répondu : oui, à peu près.

Pendant tous ces entretiens, je fus reçu avec la plus grande courtoisie et il apparut enfin qu'une réelle occasion était offerte pour accorder les vues des trois parties et conclure un armistice dans un mois ou deux.

M. Steeg me reçut à la résidence générale à Rabat le vendredi 13 novembre dernier, de la façon la plus courtoise, et nous eûmes un entretien qui dura deux heures environ.

Au cours de notre conversation, M. Steeg m'expliqua, de la façon la plus claire, tout ce que MM. Painlevé, Malvy et Perrier m'avaient dit.

Le mot « autonomie » m'était représenté comme quelque chose qui, dans un certain sens, va plus loin que le mot « indépendance ».

Je crus comprendre qu'à la fois la France et l'Espagne étaient prêtes à traiter avec le Riff de la plus généreuse façon. Ma dernière question à M. Steeg fut la suivante : « Pourriez-vous me dire exactement ce que les gouvernements français et espagnol veulent qu'Abd-el-Krim fasse? »

M. Steeg me répliqua qu'il était nécessaire que le chef riffain envoyât soit une lettre officielle, adressée aux deux gouvernements, leur demandant où il pourrait recevoir les conditions de juillet, soit des délégués pour recevoir ces conditions.

— C'est tout ce qu'Abd-el-Krim a à faire; ensuite, il sera facile aux Français et aux Espagnols de poursuivre les négociations.

A mon départ, j'assurai M. Steeg que, durant ma visite au Riff, visite entreprise avec l'autorisation du gouvernement français, je ne ferais rien pour encourager la guerre, mais tout pour amener la paix.

Je dis :

— J'essaierai de convaincre Abd-el-Krim : 1° d'aller faire chercher officiellement les conditions de paix; 2° d'accepter l'autonomie dans le plus large sens du mot, au lieu de demander comme condition préalable la reconnaissance de l'indépendance complète.

Je tiens à vous faire connaître que, durant mon passage à travers la zone française, je fus reçu partout avec la plus grande courtoisie.

Le mardi 8 décembre dernier, je rentrais à Rabat et, en l'absence de M. Steeg, je fus reçu par M. Blanc. Je revenais avec ce que le gouvernement français m'avait définitivement demandé d'apporter et, ayant réussi à obtenir d'Abd-el-Krim son acceptation de l'autonomie au lieu de l'indépendance.

Abd-el-Krim me chargeait définitivement de recevoir les termes, sans que j'eusse réclamé cette mission. Je suis maintenant de retour à Paris, ayant terminé la première partie de ma mission.

J'ai l'espoir d'être reçu par vous, Monsieur le Président du Conseil, et d'être en mesure de retourner auprès du chef riffain avec la réponse officielle des gouvernements français et espagnol, afin de frayer le chemin vers un armistice immédiat et une conférence à Tanger.

Veuillez agréer, Monsieur le Président du Conseil, l'assurance de ma considération très distinguée.

Gordon Canning.

SECONDE LETTRE DE M. GORDON CANNING AU PRESIDENT DU CONSEIL

1ᵉʳ *janvier 1926.*

A Monsieur Briand,

Monsieur, voulez-vous me permettre de répondre à certains exposés et suggestions faits dans votre discours du 30 décembre dernier, alors qu'il m'était impossible d'y répondre.

1° « Monsieur Canning peut continuer à faire la tournée des journaux... »

Je voudrais respectueusement vous rappeler qu'une semaine avant mon arrivée à Paris, la presse française avait été complè-. tement informée sur tous les détails de ma mission. Ces détails avaient été fournis à la presse par diverses personnalités officielles françaises.

2° On m'accuse d'être entouré d'hommes d'affaires intéressés dans le « cuivre ».

A ce propos, MM. Painlevé, Malvy et Steeg ont été amenés à reconnaître ma parfaite intégrité.

M. Hacklander, dont les actes et desseins ont été ouvertement connus des gouvernements français et espagnol, depuis 1923, au sujet du Riff, est certainement un ami des frères Mannesman. Ceci ne veut pas dire que je suis en relation personnelle d'affaires avec eux.

Je n'oserais jamais insinuer que quelqu'un étant en relations avec M. Finaly est de ce fait même intéressé dans les questions minières du Riff !

3° « Ce n'est pas le gouvernement, mais la presse que M. Canning vient chercher à Paris. »

J'ai reçu certains télégrammes, à Tanger, inspirés par de hautes personnalités, m'informant que ma présence à Paris était nécessaire. On m'avait laissé entendre que je serais reçu officiellement à Paris. En fait, je ne pouvais attendre moins, ayant rempli la tâche que le gouvernement français m'avait donnée et connaissant la courtoisie et la politesse de la nation française :

4° « Si j'avais cru que les conversations puissent servir à quelque chose... »

Si les conditions de paix publiées en juillet sont toujours maintenues, il est bien évident que je peux être utile, ayant rapporté avec moi, du chef riffain, la première demande officielle des termes de paix, et ayant obtenu de lui d'accepter l'autonomie. Il n'a jamais été question d'agir séparément d'avec l'Espagne, ce qui serait contraire aux termes mêmes de la lettre d'Abd-el-Krim, qui nomme les deux gouvernements.

5° Dans mon mémorandum, il a été bien spécifié que le chef riffain était prêt à accepter une ligne de frontière avec la France, qui protégera non seulement la zone française du Maroc, mais aussi les communications avec l'Algérie. J'ai bien spécifié aussi qu'il ne serait pas insisté au sujet de Tétouan.

M. Steeg, ainsi qu'Abd-el-Krim, ont convenu qu'il n'y aurait pas cessation des hostilités, ni de la propagande jusqu'à ce qu'un armistice ait été signé.

En terminant cette lettre, permettez-moi de vous affirmer une fois encore que je suis toujours disposé à faire de mon mieux en faveur de la cause de la paix, sur la base des conditions de juillet.

Je me permets encore d'attirer votre attention sur le fait que je n'ai aucun intérêt dans les concessions minières du Riff, et c'est grâce à ces conditions exceptionnelles d'indépendance que j'ai pu approcher l'ancien gouvernement français.

Malgré les violentes attaques personnelles dont j'ai été l'objet, malgré certaines insinuations faites par quelques journaux, et auxquelles vous paraissez n'avoir pas été insensible, je reste prêt à faire tout en mon pouvoir pour arriver à une paix raisonnable.

J'adresse cette lettre, non à M. le Président, mais à M. Aristide Briand, à titre d'indication, et je l'enverrai aux journaux anglais, quarante-huit heures après, pour leur information.

Veuillez agréer, Monsieur le Président, l'assurance de ma très haute considération et l'expression de mes sentiments très distingués.

Robert GORDON CANNING.

UNE NOUVELLE COMPAGNIE DES INDES

La Banque de Paris et des Pays-Bas a, au Maroc, des participations plus ou moins fortes dans les firmes indiquées ci-dessous (1) :

Compagnie Générale du Maroc;
Compagnie Franco-Espagnole du Chemin de fer de Tanger à Fez;
Compagnie des Chemins de fer du Maroc;

---

(1) Cette liste, établie en 1923 par le Bureau de l'Agence Havas à Casablanca, est aujourd'hui incomplète. Entre autres, il y a lieu d'y ajouter la Société créée pour exploiter la concession des forces hydro-électriques du Maroc, qui met toute l'industrie (Chemins de fer, usines, éclairage des villes, etc...) de ce pays sous le contrôle de la Banque de Paris et des Pays-Bas. Cette concession fut accordée, dans le plus grand secret, au mois de mai 1923, à la dite banque, par M. Delpit, directeur général des travaux publics du Protectorat, ce qui donna lieu à une protestation platonique de la Chambre de commerce de Casablanca qui : « s'étonna qu'une question aussi capitale (Concession des forces hydro-électriques), qui engage complètement l'avenir économique du Maroc, n'ait pas été soumise préalablement à l'examen des Chambres consultatives ».

Il est peut-être intéressant de noter que, dans plusieurs de ces Sociétés, M. Loucheur est représenté par son ancien chef de cabinet et condisciple de l'Ecole Polytechnique.

Banque d'Etat du Maroc;

Société Internationale de Régie co-intéressée des Tabacs au Maroc;

Société des Ports Marocains Mehedya-Kénitra et Rabat-Salé;

Société d'Etudes Topographiques et Génie Rural au Maroc;

Société Anonyme d'Explorations;

Compagnie d'Agadir;

Union des Mines Marocaines;

Syndicat Minier du Nord du Maroc;

Union Mineral del Rif;

Société d'Etudes du Haut-Guir;

Compagnie Fasi d'Electricité;

Société Marocaine de Distribution d'Eau, de Gaz et Electricité (S. M. D.) ;

Moulins de Moghreb;

Tramways et Autobus de Casablanca;

Compagnie Générale de Transports et Tourisme;

Société des Magasins Généraux et Warrants du Maroc;

Société Anonyme Marocaine d'Approvisionnement (S. A. M. A.) ;

Brasseries du Maroc;

Société Générale des Abattoirs Municipaux et Industriels du Maroc;

Société d'Habitations au Maroc;

Société Immobilière au Maroc;

Construction Marocaine;

Société d'Etudes des Forces Hydrauliques du Maroc;

Société Interrégionale d'Electricité du Maroc;

Compagnie Maritime du Maroc;

Société Civile de Recherches de Pétroles en Afrique du Nord;

Société de Produits Céramiques à Fez;

Société de Recherches Mouhatjidin;

Compagnie de Sebou;

Société Marocaine d'Exploitations Forestières;

Régie Marocaine;

Huileries du Moghreb;

Compagnie des Lièges de la Mamora;

Société Générale d'Entreprises au Maroc;

Compagnie Chérifienne des Carpettes;

Société des Chaux et Ciments et Matériaux de Construction au Maroc;

Compagnie Marocaine d'Eclairage et de Force;

Société d'Etudes Marocaines;

Compagnie Chérifienne de Recherches et de Forages;

Société Marocaine de Charbons et Briquettes;

Compagnie Marocaine;

Société d'Approvisionnement Nord-Africaine (S. A. N. A. F.);

Compagnie du Port de Tanger;

Compagnie d'Ouezzan (en formation).

Quelques témoignages sur la conquête de l'Algérie

LES ATROCITÉS GUERRIÈRES

> L'art de la guerre est l'art de détruire les hommes
> comme la politique est celui de les tromper.
> d'Alembert.

Mme la Comtesse de Beaulaincourt-Marles, fille du maréchal de Castellane, publia, en 1898, la correspondance adressée à son père par un grand nombre d'officiers de l'armée d'Afrique. Plus de 250 lettres, écrites sur le champ de bataille, nous éclairent complètement sur les causes ayant fait naître chez les indigènes des sentiments d'hostilité justifiés à notre égard.

Si un député portait aujourd'hui des faits semblables à la tribune du Parlement, on le traiterait « d'antifrançais » ; on l'accuserait de tenir un langage abominable. Ecoutons quelques confidences des grands chefs prises au hasard :

Du général Changarnier

Alger, le 18 octobre 1841.

. . . .

« *La colonne politique (politique ne vous semble-t-il pas délicieux? Est-ce que les mouvements d'une armée ont jamais été indépendants de la politique?), la colonne politique n'a obtenu jusqu'à présent aucun des succès proclamés, vantés d'avance. Pour s'en dédommager, le général Bugeaud a cherché, dans un récit qui fait plus d'honneur à son imagination qu'à sa véracité, à* élever à la hauteur d'un combat une misérable razzia, dans laquelle sa cavalerie indigène a égorgé quelques douzaines de femmes et de vieillards sans défense. Ces hâbleries le couvrent de ridicule, même aux yeux des simples soldats, dont il avait d'abord surpris la bienveillance par de plates avances qui ne réussissent pas longtemps.

« M. Bugeaud, à qui je sais rendre justice, à pu jusqu'ici museler et se rendre favorable la presse, dont il avait parlé avec tant de violence; cela n'est pas maladroit. Un ancien rédacteur du Courrier, venu ici en qualité de secrétaire intime, a été envoyé à Paris pour établir une espèce de croisière dans les avenues de tous les journaux. On dit que l'emploi des fonds secrets n'est pas dirigé avec la scrupuleuse réserve du maréchal Valée... »

(Le lecteur aura intérêt à rapprocher ce savoureux morceau de la fameuse lettre de M. Vatin-Pérignon.)

De l'adjudant-major Canrobert

Koléah, 1ᵉʳ janvier 1842.

« ... Nous venons de faire plusieurs razzias dans les montagnes du petit Atlas. Nous avons surpris de nuit une assez grande quantité de Kabyles et enlevé plusieurs sortes de troupeaux, des femmes, des enfants et des vieillards. Ces opérations qui, je dois l'avouer, sont d'une grande ressource pour les approvisionnements de l'armée, sont, sous le point de vue militaire, du plus fâcheux effet. Le soldat, mal ou pas surveillé, excité d'ailleurs par l'appât du pillage, se livre aux excès les plus grands, qui vicient singulièrement son caractère... »

Du chef de bataillon Westée

Mascara, le 24 avril 1842.

« ... *Ma pensée est qu'on ne se soumettra pas franchement. Dans ce moment, pendant que la récolte est sur pied, les Hachems promettront tout, mais après, grare à qui se promènera sans être le plus fort! Ce peuple a de l'étoffe, il a des fibres fortes qu'il faut savoir faire mouvoir. Voici un exemple de son stoïcisme : la grande halte eut lieu à trois lieues de Mostaganem, à El Naro; le pays est boisé et l'on s'aperçut, par hasard, qu'un caporal du bataillon turc qui dormait dans un buisson, à peu de distance de nous, avait la tête coupée; on se mit à courir et l'on découvrit six arabes du pays, dont quatre avaient des armes appartenant aux Français; en les chargeant, deux furent tués sur place et les quatre autres emmenés garottés à Mostaganem. Le lendemain, à deux heures, Osman-Bey fit, sur la place, couper (en six coups) la tête à deux; aux deux autres on serrait les veines au-dessus du poignet avec une corde, ensuite on disloquait, très lentement, ce poignet à la jointure et on leur jetait la main à la face; eh bien, mon général, je l'ai vu, ces gens ne donnaient pendant l'opération aucun indice de douleur, leur visage était impassible; ensuite ils ramassèrent à temps, chacun sa main, et s'en allèrent en causant tranquillement avec leurs pays. Des gens pareils sont capables de bien belles choses... comme de bien mauvaises.* »

Du chef de bataillon Lioux

Blidah, le 20 mai 1842

« ... *Ce même jour on alla camper de nouveau sur l'Oued Gerr supérieur, à une demi-lieue du bivouac précédent, et, le 4, nous étions en marche par un chemin difficile, il est vrai, mais plus court, et qui nous ramena le soir même dans la plaine. Pendant ce trajet, comme durant les jours qui s'étaient écoulés depuis notre départ, on détruisit beaucoup de pauvres villages et de riches et abondantes moissons : triste nécessité, cruel moyen, pour lequel j'éprouve la plus grande antipathie. Nous traversions alors un beau pays que les Arabes avaient soigneusement cultivé, comptant sur un arrangement qui est, dit-on, depuis un an, l'objet des vœux des tribus. »*

Du chef de bataillon Canrobert

Alger, 16 juin 1842.

« ... Nous venons de faire de longues courses pour brûler, piller et ravager les tribus comprises entre Blidah, le Chéliff et les environs de Cherchell; bien que la terreur que nous avons inspirée soit grande et ait amené quelques soumissions, le but principal, qui est la pacification, est loin d'être atteint... »

Du chef de bataillon Forey

Blidah, 20 mai 1842.

« ... Nos courses, jusqu'ici, ont été des ravitaillements ou des transports de vivres à Médéah et à Miliana pour l'expédition que nous allons faire. Le général Changarnier a trouvé l'occasion, par son activité et des espions fidèles, de faire quelques razzias, qui ont enlevé aux Arabes de cinq à six mille têtes de bétail et de sept à huit cents prisonniers, surtout en femmes et enfants. La misère est grande dans les tribus et, n'était la crainte d'être châtiées par les lieutenants d'Abd-el-Kader, plusieurs auraient fait leur soumission.

« Une grande preuve de misère, c'est le renvoi que vient de faire l'émir de tous les prisonniers français qu'il ne pouvait plus nourrir. Comment la France reconnaîtra-t-elle cette générosité?

Les Arabes voulaient leur couper la tête, mais Abd-el-Kader s'y est opposé formellement.

« Après-demain 22, nous partons pour la vallée du Chéliff, où nous devons faire jonction avec le gouverneur, qui est parti de Mostaganem le 15 avec six mille hommes et deux mille chevaux. Les Arabes sont, dit-on, terrifiés de cette réunion considérable qui va détruire les moissons et prolonger leur état de détresse... »

Du chef de bataillon Bouteilloux

Blidah, le 20 juin 1842.

« ... Dans la dernière lettre que vous m'avez fait l'honneur de m'écrire, vous dites, mon général, qu'on n'a obtenu jusqu'ici en Afrique de grands résultats que dans les journaux et dans les bulletins; jamais observation ne fut plus juste et ne vint plus à propos, car de toutes nos campagnes d'hiver et d'été, qu'est-il résulté? Un déficit dans le budget de l'Afrique et dans les moyens de transport, une diminution dans les casernes et une augmentation dans les hôpitaux.

« ... Depuis le mois de décembre (je ne parle que de la province d'Alger), on exécute dans toutes les directions autour de Blidah des razzias organisées par le général Changarnier, qui est une véritable capacité militaire. Ces razzias, qui ont été très habilement conçues, ont ruiné ou du moins commencé la ruine du pays. Puis, dès le mois de mars, les colonnes sont sorties, faisant la guerre aux récoltes, qu'elles faisaient manger en herbe par les bêtes de somme qu'elles traînaient à leur suite. On a fait ainsi beaucoup de mal aux cultivateurs, aux gens paisibles qui, de tout temps, étaient portés pour la soumission... »

Du capitaine Cler

Cherchell, 1er juillet 1842.

« ... *Depuis cinq mois que je suis dans ce pays, j'en ai passé quatre en expédition. Pendant ce temps, j'ai vainement cherché une occasion de combattre sans pouvoir la rencontrer. Nous n'avons fait la guerre qu'aux troupeaux, aux habitations, aux récoltes et à la partie la plus infime de la population qui, sans armes et poussée par la faim et la misère, préférait se rendre que de combattre...* »

Du lieutenant-colonel Forey

Camp de Kouba, le 3 mars 1843.

« ... *L'insurrection des Beni-Menacer a été arrêtée par plusieurs colonnes qui ont ravagé le pays et amené de nouveau la soumission de plusieurs tribus, mais il paraît que l'Est remue à son tour. Plusieurs détachements sont dirigés de ce côté.*

« *Près des hautes capacités qui gouvernent l'Afrique, je ne suis qu'un bien chétif appréciateur des faits, mais, dans mon opinion, cette guerre entreprise sur une échelle aussi vaste ne finira jamais; et il me semble absurde d'avoir la prétention de dominer par la force toute l'Afrique septentrionale. Aussi rien ne se fait dans les camps et dans les villes. Le soldat est toujours aussi mal qu'en 1835, les prétendus colons ne sont que des cabaretiers, et c'est à rougir quand on voit les journaux, ou trompés ou menteurs, présenter la colonisation comme marchant à grands pas. De la tête à la queue, l'on court après le bâton de maréchal, et l'on cache son ambition sous un semblant de sentiment du devoir...* »

(Y a-t-il, sous ce rapport, quelque chose de changé sous notre « République démocratique et sociale? » Chacun ne se soucie que de son égoïsme, de son ambition personnelle, sans s'occuper de ce que cela peut coûter au restant de l'Humanité.)

Du chef de bataillon de Lioux

Milianah, 23 avril 1843.

« *Nous rentrons d'une nouvelle expédition chez les Beni-Abbas, Beni-bou-Seid, etc., dépendant de la grande tribu des Beni-Menasser, que l'on n'est pas encore parvenu à soumettre. Notre colonne avait mission de tout ravager sur son passage, et, à plusieurs lieues autour de ses bivouacs successifs. En effet, l'on a beaucoup détruit; des villages entiers, de grands et véritables villages ont disparu par l'incendie, et plusieurs milliers de pieds de figuiers, d'oliviers et autres ont été coupés.*

« *Je ne m'explique pas ce dernier genre de dévastation, si l'on veut réellement occuper le pays ou seulement en exiger des contributions. Du reste, nous n'avons éprouvé que peu de résistance de la part de l'ennemi...* »

Du lieutenant-colonel Forey

Milianah, 26 avril 1843.

« *... Vous avez lu dans les journaux que MM. de Bar, Ladmirault et d'autres annonçaient avec emphase la soumission des Beni-Menasser; il n'en était rien, et, loin de là, l'insurrection avait gagné toutes les montagnes qui s'étendent vers Tenez et le Dahra.*

« *Le général de Bar, homme aussi incapable que possible, fut rappelé à Alger, et cette insurrection contrariant les projets ultérieurs du Gouverneur, qui, voulant s'avancer au Sud, ne pouvait laisser ses derrières en armes; le général Changarnier eut la mission de pénétrer avec tout ce qu'il pourrait réunir de bataillons dans ces montagnes, dont les Pyrénées ne peuvent donner une idée par leur difficulté, et d'amener la soumission des Kabyles à tout prix. C'était chose très difficile et d'un succès très douteux; aussi le général ne l'entreprit qu'avec réserve. Sept colonnes*

partirent de Milianah et de Cherchell, devant ravager le pays,
enlever le plus de troupeaux possible et surtout des femmes et
des enfants ; le gouvernement voulait effrayer les populations en
les envoyant en France.

« Le général me confia le commandement de la plus forte
colonne, composée de cinq bataillons, et j'eus le bonheur de m'ac-
quitter avec succès de mon rôle.

« Je manœuvrais de manière à rejeter sur une des colonnes
de Cherchell des troupeaux et des populations qui fuyaient devant
moi, et je fis prendre à cette colonne ou je pris moi-même cinq
à six mille têtes de bétail et soixante-dix femmes ou enfants, ainsi
qu'un butin précieux, des armes, etc. Du reste, il n'y eut aucun
point de résistance sérieuse, et la population, entraînée par la
famille de El-Berkani, s'était dispersée au loin, nous abandon-
nant les habitations, qui furent toutes incendiées.

« Rentré à Milianah, le général en repartit deux jours après
pour les montagnes les plus éloignées, et j'eus encore le commandement d'une colonne, je dirai la plus importante par sa
composition et par la nature du pays que j'avais à parcourir.
Depuis que je suis en Afrique, je n'avais vu et je ne me doutais
pas qu'il y eût d'aussi nombreux et d'aussi grands centres de
population que ceux que j'ai rencontrés dans les montagnes des
Beni-Bou-Aïch et des Beni-Bou-Melek, etc. Là, plus de gourbis
isolés sur les flancs des montagnes, construits en branchages et
réparés aussitôt que détruits, mais des villages semblables à nos
bourgs de France, dans les plus belles positions, et quelquefois
presque inaccessibles, tous entourés de jardins, de forêts d'im-
menses oliviers de la taille des platanes de Perpignan. Tous nous
étions stupéfaits de tant de beautés naturelles, mais les ordres
étaient impératifs, et j'ai cru remplir consciencieusement ma mission en ne laissant pas un village debout, pas un arbre, pas un
champ. Le mal que ma colonne a fait sur son passage est incal-
culable. Est-ce un mal ? est-ce un bien ? ou plutôt est-ce un mal
pour un bien ? C'est ce que l'avenir décidera. Pour mon compte,
je crois que c'est le seul moyen d'amener la soumission ou l'émi-
gration de ces habitants, bien à plaindre, en définitive, puisqu'ils

sont entre deux partis, pour l'un desquels ils ne peuvent se décider sans encourir la vengeance de l'autre.

« Dans cette expédition, il a été enlevé aux Kabyles environ trois mille têtes de bétail et deux cents prisonniers; on a brûlé plus de dix grands villages, coupé ou incendié plus de dix mille oliviers, figuiers, etc... »

De M. Dagnan, intendant militaire

Constantine, le 24 avril 1843.

« ... Constantine est horrible à voir : toutes les constructions tombent en ruine, la moitié des maisons qui existaient, il y a cinq ans, se sont écroulées, et les débris sont gisants sur place : la population indigène est dans un état affreux de misère et de privations : c'est un spectacle désolant qui navre le cœur. »

De M. Dussert,

sous-directeur de la province de Philippeville et Constantine

Philippeville, 15 mai 1843.

« Le gouvernement m'a donné ici une mission difficile et pénible. Il s'agit d'introduire sans secousses l'élément civil à Constantine et de travailler à la résurrection commerciale de cette pauvre province, que le système du général Bugeaud a réellement mise à l'agonie. Le tout n'est pas de faire de la force à tort et à travers; il faut faire de la force avec intelligence. Or, de ce côté, en expulsant les négociants, en interdisant les exportations, en prenant toutes sortes de mesures violentes, on a jeté la misère partout et retardé le pays de cinq ans. Pour comble de bonheur, le Gouverneur, qui obtient des résultats à coups d'hommes et d'argent dans la province d'Alger, nous abandonne ici absolu-

ment à nous-mêmes et ne s'occupe pas plus de Philippeville que si nous étions aux antipodes...

« Ainsi, le général Baraguey d'Hilliers, dans ses dernières expéditions, a détruit, dit-il, plus de cinq mille oliviers. Si nous appauvrissons le pays d'avance, qu'en ferons-nous quand nous l'aurons, si nous l'avons?... »

Du lieutenant-colonel Forey

Doueïra, le 29 juillet 1843.

« ... La position est bonne aujourd'hui en Afrique : de grands coups ont été portés à l'émir, et il est hors d'état de rien entreprendre de sérieux; les établissements nouveaux sont bien placés pour se porter rapidement au milieu des montagnes, que nous avons tellement ravagées que les populations sont ruinées pour longtemps et doivent maudire les chefs arabes qui ont attiré sur elles tant de malheurs... »

De M. Pierre de Castellane

Mostaganem, 28 mars 1844.

« ... Le 14, nous bivouaquâmes à Aïn-Tetendel, près de sources magnifiques; à peine arrivés au bivouac, nous remontâmes à cheval pour aller faire une razzia; un grand nombre d'Arabes s'étaient réfugiés dans un ravin très fourni, nous descendîmes au fond, on fouilla, une vingtaine furent tués. Le soir, à sept heures, nous rentrâmes au bivouac, ramenant deux mille têtes de bétail, une centaine de prisonniers, presque tous des femmes et des enfants qui, comme bien vous le pensez, sont traités à merveille; ce sont de précieux otages. Nous sommes restés plusieurs jours à ce bivouac, détruisant les figuiers, les récoltes, et nous ne sommes partis que lorsque le pays a été entièrement ruiné. C'est une *dure nécessité, mais il le faut. Une sévère leçon devait être donnée à ces populations; les Arabes ne comprennent que la force brutale, c'est devant elle seule qu'ils cèdent... »*

Du chef d'escadron Gouyon,

chef d'Etat-major du maréchal Bugeaud.

Bivouac de Ras Oued Mouelah, 5 juillet 1844.

« ... Nous rentrons demain à Lalla Maghnia pour en repartir le 7 et continuer à faire la moisson dans la plaine; nous rentrerons probablement avec cent cinquante quintaux d'orge ramassés par la troupe et portés par les mulets du train qui sont à vide. »

Lalla Maghnia.

« En arrivant au bivouac, nous apprenons par Tlemcem que le général Tempoure a fait le 2 une razzia sur les tribus de la frontière (du Maroc) qui habitent les hauts plateaux, et que l'attitude hostile du Maroc et les manœuvres de l'émir (Abd-el-Kader) avaient remises et maintenues en hostilité. »

Du chef de bataillon Canrobert

Mastaganem, le 1ᵉʳ août 1844.

« Mon général,

« La dernière lettre que vous m'avez fait l'honneur de m'écrire m'est parvenue ici à Mostaganem, où les événements du Maroc m'ont attiré avec mon bataillon. Depuis près d'un mois, j'attends avec impatience que la complication des affaires m'appelle à prendre part à la lutte, ou que leur arrangement me fasse reprendre le chemin d'Orléansville.

« *Les tribus du centre de l'Algérie sont tranquilles, les secousses du Maroc n'ont pas agi sur elles; il serait cependant peu prudent de beaucoup diminuer le chiffre des troupes qui les observent. Notre domination des Arabes devra, pendant bien des années encore, s'appuyer sur les baïonnettes; ces peuples, quoi qu'on en puisse dire ailleurs, nous exècrent, et cela n'est pas étonnant!*

« *Une lettre que je viens de recevoir d'un officier supérieur de l'armée du Maroc m'annonce que l'anarchie la plus furieuse règne dans cet empire. Le sultan Abd-el-Rhaman a à lutter contre deux compétiteurs redoutables, dont l'un n'a pas craint de nommer Abd-el-Kader khalifat des provinces marocaines limitrophes de nos possessions. Si cela est, rien ne devra être épargné pour refouler encore notre tenace et habile ennemi.*

« Mon général, puisque la France et l'Espagne ont également à se plaindre du Maroc, ces deux gouvernements amis ne pourraient-ils pas s'entendre pour jeter sur le littoral marocain une armée franco-espagnole qui, sous votre commandement, frapperait l'empire au cœur, pendant que l'armée d'Afrique l'occuperait aux extrémités... »

Du lieutenant-général de Lamoricière

« Oran, le 14 avril 1845.

« *... Aujourd'hui, une colonne est partie de Mascara, sous les ordres du général Géry, pour aller détruire, à cent lieues environ au sud de la côte, une établissement important où les nomades du désert déposent leurs richesses et où ils tenaient jusqu'ici, à l'abri de nos coups, les fanatiques qui refusent encore de se soumettre.* (Le colonel Géry, dans cette expédition vers le sud, détruisit Rassoul et Brezina et rentra le 11 mai dans le Tell par Fremda).

« *Il faut prouver aux incrédules que, partout où iront les tribus du littoral, nous pouvons y aller, et qu'elles n'auront de repos qu'en venant franchement accepter notre domination.* »

Du chef de bataillon Canrobert

Bivouac sous Tenez, 26 avril 1845.

« ... *L'ennemi nous a tué quatorze hommes et blessé trente-cinq. Demain matin, nous marchons sur le foyer des insurgés; l'exaspération des officiers et soldats est grande, nous appliquerons dans toute sa rigueur le « malheur aux vaincus » ! »*

Du chef de bataillon Canrobert

Ténès, le 18 juillet 1845.

« ... *Me permettrez-vous de vous dire, mon général, qu'en stigmatisant le triste système des razzias, vous avez accompli un acte de grande équité et de haute prudence? Acteur ou spectateur forcé dans une multitude de ces drames, je n'ai que trop appris à reconnaître les désastreux effets de ce terrible et barbare moyen. J'ai dû souvent gémir sur la démoralisation profonde qu'il jette dans le cœur du soldat qui égorge, vole, viole et s'y bat pour son compte particulier, devant ses officiers souvent impuissants à le retenir ! »*

Du capitaine de Wimpffen

« Blidah, 24 août 1845.

« ... *Nous avons parcouru durant soixante-quatre jours les environs d'Orléansville, toutes les tribus révoltées ont été ravagées et soumises, mais il me semble, par tout ce que j'ai vu, qu'on n'a pu obtenir qu'une obéissance forcée, qu'une paix éphémère.....*

« ... *Après avoir détruit bien des moissons, abattu plusieurs milliers d'arbres, brûlé des douars, tué des Arabes, les colonnes à peine éloignées du théâtre de la guerre, un dernier détachement* et un agent indigène sont massacrés aux environs d'Orléansville; il nous faut de nouveau envoyer des troupes sur ce point...

« Les mesures que je voudrais voir supprimer sont la destruction des arbres et des habitations. Nous étions au pic de l'Ouarensenis, où l'ordre nous avait été donné de détruire de superbes champs de figuiers et d'oliviers. Nos soldats arabes se livraient mollement et avec répugnance à cette corvée. Je leur en fis le reproche; un d'eux, que j'affectionne à cause de sa bravoure, me répondit : « Pourquoi nous faire abattre ces arbres? Ce sont les hommes qui se sont révoltés contre nous qu'il faut combattre, il faut marcher contre eux, les atteindre et les punir. En détruisant ces arbres, tu punis aussi pour longtemps des femmes et des enfants qui ne vous ont rien fait; tu insultes Dieu et le marabout sous la protection duquel ces arbres ont été placés; tous les gens de ce pays te maudiront; si tu coupais seulement quelques têtes de révoltés, tu aurais beaucoup moins d'ennemis. »

« Aucune des maisons brûlées par nous n'a été rebâtie, j'ai repassé dans des villages que nous avions incendiés, aucun effort n'a été tenté pour réédifier ce que nous avions détruit. »

Du lieutenant-colonel Dumontet

« Sétif, 9 septembre 1845.

« J'ai l'honneur de vous remercier d'avoir bien voulu m'envoyer les discours que vous avez prononcés à la Chambre des pairs. Je les ai lus avec un vif intérêt et les ai communiqués à plusieurs officiers du 19e, qui, ainsi que moi, ont applaudi aux vérités que vous avez dites sur l'Afrique. Malheureusement, ces vérités sont mal comprises en France, et trop de gens y repoussent la lumière, les uns parce que l'erreur convient à leur intérêt, les autres parce qu'elle plaît à leur crédulité. C'est chose extraordinaire comme cette dernière classe est nombreuse, avec quelle foi profonde elle accueille tous les contes bleus, toutes les billevesées qu'on lui débite sur cette malheureuse colonie; avec quelle naïve

confiance elle croit sur parole tous ces faiseurs de bulletins men-
songers qui se proclament de grands hommes pour avoir brûlé
des récoltes et volé des moutons, traqué et enlevé de misérables
populations sans défense, qui font des batailles d'Austerlitz avec
de puérils combats contre de méprisables sauvages, à peine ar-
més, que le premier coup de canon suffit pour mettre en fuite... »

Du maréchal de camp Thiery

« Oran, 13 octobre 1845.

« ... Les nouvelles de la subdivision de Mascara sont égale-
ment bonnes. Le colonel Géry, à la tête d'une colonne peu nom-
breuse, a eu à lutter contre des tribus insurgées. Ayant appris que
les habitants de Calah, petite ville, entretenaient des relations avec
des tribus qui nous avaient été hostiles et avaient même fourni des
subsides à nos ennemis, il se porta contre cette ville; ayant divisé
ses forces en deux parties qui vinrent s'y concentrer, elle fut prise
et saccagée, le pillage dura deux heures. Deux cent cinquante
Arabes furent tués; *le colonel avait ordonné d'épargner les fem-*
mes et les enfants, il empêcha la destruction des métiers... »

Du colonel de Mirbeck

« Bivouac devant Bougie, 24 mai 1847.

« ... Maintenant, qu'il me soit permis de traiter une grande
question, sans qu'on m'accuse de vouloir juger M. le maréchal..

« La discipline est perdue dans sa division, tout ce qui faisait
une partie de notre gloire en dehors des combats n'exste plus;
nous avons fait le dernier jour de marche avec cette division, que
nous avons rejointe à quelques lieues d'ici. Depuis notre arrivée,
le 22, il n'y a eu ni réveil, ni retraite. On appelle cela des jours
de repos : ce sont des jours de saturnales. La ville de Bougie,

qui est à trois quarts de lieue de notre bivouac, se souviendra long-temps du passage de ces troupes indisciplinées; on ne rencontrait qu'hommes ivres, blessés et quelques membres cassés; les habitants avaient fermé les portes et les volets; la gendarmerie a été rossée, les femmes insultées, les maisons pillées; toute la nuit, on n'entendait que cris. Tout notre camp touchant à celui du maréchal a passé la nuit sur pied pour défendre ses places et déblayer les ivrognes, qui goguenardaient nos soldats sur le peu de liberté qu'ils avaient, et cela finissait par : « Vive le père Bugeaud ! » C'est acheter la popularité un peu trop cher... »

Du chef de bataillon de Wimpffen

« *Bougie, le 22 mai* 1847.

« ... *Les troupes furent dirigées sur les montagnes, où se voyaient de superbes villages échelonnés et progressivement plus élevés. Après une courte distance parcourue, M. le duc d'Isly laisse les bagages et des troupes sur un plateau, fait déposer les sacs à neuf bataillons et les lance sur les points habités. Les villages, malgré la résistance des habitants, sont promptement enlevés; on y fait, surtout dans les derniers, un butin immense. Je vous ai signalé les Beni-Abbès comme les gens les plus industrieux de la Souman; ils n'avaient point cru devoir enlever ou cacher leurs richesses. On m'assure qu'un grand nombre de soldats ont des centaines de douros, d'autres des tapis, des bracelets en or et en argent, de superbes burnous, une grande quantité de beaux fusils, des objets de toutes sortes. Cette affaire brillante était terminée à neuf heures du matin...* »

Il est inutile de poursuivre ces citations qui allongeraient cet exposé sans y rien ajouter. Pourtant, je crois nécessaire, avant de terminer ce chapitre de la conquête de l'Algérie, qu'il est utile de connaître pour comprendre celle du Maroc, de reproduire encore quelques courts passages d'un ouvrage fort instructif de M. Christian, contemporain de la première, intitulée : « *L'Afrique Française* ».

Page 8 :

« ... Pourquoi faut-il avouer que deux exemples d'anthropophagie ont été donnés dans le cours de nos guerres avec les Arabes ! « Et ce ne sont pas ces derniers qui s'en sont rendus coupables ; j'en ai acquis, dit un officier digne de foi, la déplorable conviction » (1) Mais quelle raison politique pourra justifier un gouvernement d'avoir osé publier avec éloge, dans son journal officiel, que soixante-huit têtes avaient été rapportées au camp au bout de nos baïonnettes! « C'est une très belle affaire, ajoute-t-il, et qui ouvre très bien la voie ». (2) Horrible encouragement décerné aux excès de l'avenir ! — Et qui donc encore se chargera d'expliquer pourquoi une autre tête fut un jour exposée à Bône, plantée, toute saignante, sur le drapeau français!!! Le capitaine qui permit cette souillure est devenu maréchal de camp !

« La presse a stigmatisé les cruautés du général de Négrier pendant son commandement de Constantine, et les registres officiels du gouvernement de l'Algérie gardent le souvenir des exécutions clandestines auxquels le bras de nos soldats fut employé plus d'une fois par le général Boyer, qui avait rapporté d'Espagne le surnom de Pierre le Cruel.

« Enfin, pour que rien ne manquât sans doute aux motifs de désolation et de vengeance qui devaient nous aliéner les Arabes, on n'a pas même respecté la religion qui protège les morts. Un gouverneur a bâti six moulins à vents, près d'Alger, avec la

---

(1) Annales algériennes, par Pélissier, capitaine au corps royal d'état-major; t. I. 2ᵉ partie, p. 305.

(2) *Moniteur Algérien*, du 14 octobre 1836.

— 135 —

pierre des tombeaux qu'il avait fait briser ; et des navires de guerre français ont versé sur le port de Marseille *des charges d'ossements humains, déterrés* pour servir à la fabrication du noir animal ! » (1)

Page 13 :

« Depuis onze ans, publiait en 1841 M. le général Duvivier, on a renversé les constructions, incendié les récoltes, détruit les arbres, massacré les hommes, les femmes, les enfants avec une furie toujours croissante. Les bulletins, les rapports officiels qui en ont tiré vanité existeront à tout jamais comme pièces accusatrices. » (2)

Page 59 :

« Ce simple exposé donne un singulier démenti au système préconisé, en 1838, par un ministre de la guerre, qui put faire comprendre à la Chambre des Députés que le général français se voyait condamné en Algérie à user de moyens dont l'emploi, devenu de jour en jour plus rare, répugne justement à des peuples civilisés. On devait, disait-il, se résigner à *refouler* au loin, à *exterminer* peut-être les populations indigènes. Le ravage, l'incendie des moissons, la ruine de l'unique industrie du pays, l'agriculture, étaient, à ses yeux, le seul moyen d'établir notre domination ! (3)

« Au reste, dès 1836, M. le commandant Pélissier pouvait résumer toutes les misères des Arabes en ces mots : « Partout où nous nous établissons en Algérie, les hommes fuient et les arbres

---

(1) *Question d'Alger en* 1837, par M. A. Desjobert, membre de la Chambre des députés, p. 118. A bord de la bombarde *La Bonne-Joséphine*, venant d'Alger, et chargée d'os, j'ai reconnu, dit le docteur Ségaud, des crânes humains, des cubitus et des fémurs de la classe adulte, récemment déterrés, et n'étant pas entièrement privés des parties charnues! (*Lettre* insérée dans le *Sémaphore de Marseille*, le 2 mars 1833).

(2) *Solution de la question de l'Algérie*, p. 285.

(3) *Exposé des motifs du projet de loi du 24 février* 1838, par le général Bernard, ministre de la Guerre.

disparaissent. » Et l'année suivante, le général Bugeaud leur annonçait ses projets par cette proclamation : « La première campagne commencera quand vos moissons jauniront ; elle finira lorsqu'elles seront détruites, ainsi que vos arbres et *vos forêts*. La deuxième commencera après les pluies, et durera jusqu'à la fin de mars, afin que vous ne puissiez pas semer vos blés ! » (1)

Page 66 :

« A l'époque de l'expédition de 1844, plus de 3.000 Kebaïles fréquentaient les marchés d'Alger, ou venaient louer leurs bras comme domestiques ou journaliers, lorsque le maréchal Bugeaud se souvint que ces montagnards étaient venus au secours du dey, en 1830, sous la conduite du fameux Ben-Zamoun. Cet ennemi redouté n'existait plus, mais un lieutenant fugitif d'Abd-el-Kader avait trouvé asile dans les montagnes. Le maréchal voulut se le faire livrer ; les Kebaïles, qui ne trahissent pas plus que les Arabes les lois de l'hospitalité, refusèrent d'abandonner le proscrit, et le silence répondit à ces menaces renouvelées de 1841 : « Malheur à vos champs, à vos habitations, à vos troupeaux, à vos arbres, qui ont été préservés depuis trois ans ! Je ne veux pas encore vous révéler tous mes projets : l'avenir vous les fera connaître. » Et cet avenir fut une campagne de vingt jours, terminée par la destruction de 60 villages, le massacre de 1.500 paysans ; et, à la suite de cette exécution, copiée des Vandales, le vainqueur écrivait au ministre de la guerre : « Cette contrée vaut assurément les frais de la conquête ; la population y est plus serrée que partout ailleurs. Nous avons là de nombreux consommateurs de nos produits, et ils pourront les consommer ; car ils ont à nous donner en échange une grande quantité d'huile et de fruits secs. Ils ont aussi du grain et des bestiaux ; ils pourront, par la suite, produire autant de soie qu'ils le voudront. Ces consommateurs, personne ne viendra nous les disputer contre notre volonté. Nous cherchons partout des débouchés à notre commerce, et partout nous trouvons les autres peuples en concurrence.

---

(1) Lettre au ministre de la Guerre, du 15 mai 1837.

Ici, nous aurons à satisfaire seuls les besoins d'un peuple neuf, à qui notre contact donnera des goûts nouveaux ! » (1)

« Malgré ces phrases patriarcales, trop de fois démenties par des proclamations furibondes, notre contact n'a offert jusqu'ici aux Kebaïles, comme aux Arabes, que le ravage et la mort, accompagnés des plus affreux épisodes de guerre dont l'histoire ait gardé le souvenir ; — et grâce à l'impéritie, aux violences, à l'aveuglement obstiné du gouvernement militaire, nous sommes parvenus à créer contre nous, en Algérie, un sentiment de nationalité plus fort qu'il n'existe partout ailleurs, et l'avenir de la civilisation a reculé d'un siècle, devant une déplorable politique.

« Il s'est formé de nos jours, au sein de l'armée et de la société civile, une école qui proclame l'effusion du sang comme un bien, et qui, jugeant l'histoire comme on l'écrivait au moyen âge, n'y voit que des batailles. Un peu de philosophie lui apprendrait, cependant, les rapports qui existent entre les luttes physiques et les progrès de l'humanité, et elle s'effraierait elle-même d'avoir glorifié des fléaux ; elle comprendrait aussi que les extravagantes cruautés commises dans le Dahara, au mois de juin 1845, ont achevé de détruire cette œuvre de Pénelope que la crédulité publique appelait si naïvement la *pacification* de l'Algérie. Dieu pèsera les cadavres qu'il nous faut encore amonceler pour étouffer les soulèvements nouveaux d'une race qui n'attend plus de nous que d'effroyables malheurs ! « Croit-on, disait naguère un officier général, vétéran de l'Algérie, croit-on que la postérité ne nous en demandera pas compte ? qu'elle ne nous flétrira pas encore plus qu'elle n'a flétri les compagnons de Cortès et de Pizarre ? Du moins ceux-ci ont eu, pour s'excuser, la faiblesse de leur nombre, leur fanatisme religieux, et surtout la *réussite*, qui efface tant de choses. Mais nous, qui ne sommes point abrités sous ces deux égides, si, en outre, nous ne réussissions pas ; si on pouvait nous accuser, à juste titre, d'avoir ainsi massacré, par pur passe-temps, sans avoir jamais su ce que nous voulions, un peuple défendant sa foi, sa liberté, son pays ! — à quelle exé-

---

(1) Rapport officiel au ministre de la Guerre, le 18 mai 1844.

cration ne serions-nous pas voués! Les Espagnols, massacrant les Mexicains, virent bientôt la chute de la monarchie de Charles-Quint; ne faisons point, par le massacre des Africains, sonner l'heure de notre propre chute! Ou retirons-nous *de suite*, ou établissons-nous *rationnellement*, avec persévérance, en répandant l'instruction chez les populations qu'il nous faut soumettre. Décidons-nous franchement et irrévocablement, au lieu de nous borner à détruire, *pour faire des récits de destruction*. Poussés envers les nègres, que nous ignorons en entier, par un zèle fervent de philanthropie, fils de l'habileté anglaise, nous voudrions ruiner nos concitoyens des Antilles; puis, aux mêmes jours, nous exterminons, sans même avoir un but arrêté, tout un peuple que nous étions venus *officiellement* arracher au joug sanguinaire des Turcs. — Eh! dit-on, nous marchons à la tête de la civilisation! Mais, c'est qu'ici encore on fait abus de mots; entre la civilisation exactement déterminée et ce que l'on appelle actuellement de ce nom, la distance est l'infini. » (1)

« Pour les Arabes, ajoute une grave autorité que nous avons déjà invoquée plus d'une fois, deux systèmes sont encore en présence : l'extermination et la civilisation. Les partisans du premier disent qu'il n'y a rien à obtenir de fanatiques indomptés et guerriers, et que le plus sûr est de s'en défaire. Mais, inadmissible dans l'état actuel de nos sociétés, repoussé par nos mœurs et contraire au droit des gens, l'adopter nous mettrait au ban de l'Europe et soulèverait contre nous des flots d'indignation. Eh! quoi! nous ne serions venus que pour leur apporter cette *ultima ratio* des gens qui n'en ont point d'autre; et c'est à la lueur de leurs foyers embrasés qu'ils apprendraient à nous connaître! Les Français d'aujourd'hui descendraient du Nord, comme jadis les Huns et les Vandales, pour procéder au massacre de quelques milliers de familles! Non, il n'y aurait pas pour nous assez de malédiction, si nous persévérions dans cette conduite; et si, sur cette terre d'Afrique, il n'y avait pas de place pour les indigènes et pour nous, il serait plus sage de la leur laisser tout entière; notre or-

---

(1) *Solution de la question de l'Algérie*, par le général Duvivier, p. 285.

gueil pourrait en souffrir, mais notre caractère en serait rehaussé ; on nous saurait gré de nos efforts, et ni le meurtre ni le carnage n'auraient au moins souillé nos lauriers ! Si encore, au delà des limites de l'ancienne régence, les partisans de l'extermination ne devaient plus retrouver d'Arabes, ils expliqueraient peut-être l'emploi de cet horrible moyen ; mais quand nous sommes destinés à les avoir partout devant nous, quand de partout ils nous enceignent et nous pressent, il serait vraiment étrange que nous eussions la pensée d'aller, sur les corps sanglants de leurs frères, essayer d'entamer des relations de commerce avec eux ! » (1)

Page 456 :

« ... Au mois de février 1846, M. Bugeaud, dont la seule pensée fixe est depuis longtemps la conquête des montagnes de Bougie, faisait une expédition sans fruit du côté du Djerjerah, où des renseignements lui avaient appris qu'Abd-el-Kader avait pénétré ; mais l'émir, à son approche, eut tout le temps de se retirer par le revers sud-ouest, dans le pays de Hamza. Le 24 du même mois, le maréchal rentra à Alger à la tête d'une colonne de 1.200 hommes exténués de lassitude, couverts de haillons, mais supportant leurs misères avec une admirable résignation. La contenance de ces braves produisit une vive sensation sur la population civile. M. Bugeaud, qui ne manque jamais une occasion de *cultiver l'art oratoire*, trouvant à Hussein-Dey, près d'Alger, un détachement de la milice urbaine, mobilisée par ses ordres, lui tint ce discours, duquel il résulterait que, s'il n'avait pu cette fois s'emparer d'Abd-el-Kader, il n'en aurait pas moins le génie de César, d'Alexandre et du grand Frédéric. Cette déclaration officielle, sortie de la bouche du célèbre guerrier, nous paraît trop précieuse pour ne pas trouver sa place dans l'histoire :
« Messieurs, s'écria M. Bugeaud, nous venons de subir une crise bien longue, et cependant tout n'est pas fini ; mais elle est dominée. Abd-el-Kader ne compte que 3 à 400 cavaliers ; toutefois, sa force n'est pas dans les hommes qui l'accompagnent,

---

(1) *De l'établissement des Français dans la régence d'Alger*, par M. Genty de Bussy, conseiller d'Etat, intendant militaire, t. I, p. 131.

elle réside dans son influence sur toutes les tribus, dont les sympathies lui sont acquises, parce que cette cause est celle de leur religion. On se demande comment il se fait qu'avec 100.000 hommes nous ne venions pas à bout de nous emparer d'Abd-el-Kader? La raison en est bien simple. *Notre ennemi fuit constamment devant nous*, avec une troupe peu nombreuse, et constamment il refuse le combat; il s'échappe *comme un renard* par les passages les plus étroits et des rochers presque inaccessibles. Rien n'entrave sa marche, qui n'est pas retardée par un convoi, car partout on lui offre des subsistances pour sa troupe et ses chevaux. Ses malades ou ses blessés sont reçus par des frères qui en prennent soin; ses chevaux hors de service sont à l'instant remplacés par des chevaux frais; tandis que si nous abandonnions nos blessés, ils seraient à l'instant décapités. Ainsi, la puissance d'Abd-el-Kader se compose, en réalité, des ressources et des forces réunies de toutes les tribus. Donc, pour ruiner sa puissance, *il faut ruiner les Arabes;* aussi avons-nous *beaucoup incendié, beaucoup détruit. Peut-être me traitera-t-on de barbare; mais je me place au-dessus des reproches de la presse*, quand j'ai la conviction que j'accomplis *une œuvre utile* à mon pays. On me reproche de ne pas faire la guerre avec de la cavalerie; mais la cavalerie ne peut se passer de convoi; elle ne peut abandonner ses malades, et ne saurait marcher plus vite que l'infanterie. Le bruit a couru en France que nous ne voulions pas prendre Abd-el-Kader; cette imputation est l'œuvre de la sottise ou de la mauvaise foi. Quel est celui de nos officiers qui n'attachât sa gloire à une pareille capture? Comment supposer qu'en donnant à un de mes généraux le commandement d'une colonne, je lui fasse la recommandation de ne pas prendre Abd-el-Kader? *Qu'en dites-vous, général d'Arbouville?* — Le général Gentil *a failli le prendre!* car, c'était bien Abd-el-Kader qu'il avait devant lui; Abd-el-Kader, qui, au dire de vingt témoins, a eu deux chevaux tués sous lui dans cette affaire. Quoi qu'il en soit, *je soutiens que le hasard seul* peut faire tomber notre ennemi dans nos mains, et que LE GÉNIE D'ALEXANDRE, DE CÉSAR ET DE FRÉDÉRIC Y SERAIT IMPUISSANT. »

CRITIQUES GÉNÉRALES

La guerre est un mal qui déshonore
le genre humain.

Fénelon (*Dialogue des morts*)

De ces nombreuses citations, faites surtout pour dénoncer le caractère cruel de la conquête de l'Algérie, qui créa des rancunes tenaces contre les Européens chez les populations indigènes de l'Afrique du Nord, deux faits doivent retenir l'attention du lecteur.

Le premier, c'est la faute dans laquelle tombe *tous* les gouvernements, autocratiques ou démocratiques, et qui consiste, en cas de mobilisation partielle ou générale, à remettre *tous* leurs pouvoirs à l'autorité militaire. Le Parlement français se montra inférieur à son devoir, pendant la grande guerre, en laissant les militaires la poursuivre plus longtemps qu'il n'était nécessaire *et* en tolérant passivement des offensives justiciables seulement de la passion du « Communiqué ». Il continue actuellement à subir l'influence de l'Etat-Major général à propos des théâtres d'opérations extérieurs et ne réclame jamais de sanctions contre les chefs coupables d'avoir fait couler le sang français pour leur seul profit personnel. Il assume une terrible responsabilité dont le peuple un jour lui demandera des comptes peut-être,

Le second fait à signaler, et qui est lié au premier, c'est la similitude extraordinaire des procès ouverts par une infime partie de l'opinion contre le maréchal Bugeaud, gouverneur général de l'Algérie, et le maréchal Lyautey, résident général au Maroc. Ces deux hommes employaient les mêmes procédés pour tromper leur pays et se rendre populaires. Ils commirent les mêmes fautes, dans des circonstances identiques. Certaines pages écrites contre Bugeaud pourraient être, aujourd'hui, démarquées en remplaçant son nom par celui de Lyautey.

Ce n'est pas une coïncidence, c'est le résultat obligatoire d'une erreur commise dans des situations semblables.

Le Français aime les images coloriées. Il a besoin d'adorer une idole bien parée. Comme les femmes, il chérit l'uniforme. Notre histoire fourmille de précédents, dont le dernier, pourtant peu éloigné, et qui aurait dû servir de leçon, est celui du général Boulanger, ce pauvre fantoche, qui, ayant la prétention de gouverner la France, se sauva lâchement devant un simulacre de menace, et alla, à 54 ans, finir misérablement ses jours à l'étranger, sur la tombe d'une vieille dame.

Quel engouement! C'était un dieu! Royalistes, bonapartistes, socialistes, tous communiaient dans une même dévotion pour le brave général. Et pourquoi? parce qu'il avait un bon tailleur, qu'il se tenait bien à cheval et qu'il était photogénique! La suite prouva que ce n'était qu'un mannequin.

Le latin aime bayer aux pitreries des paillasses de foire; il raffole des saltimbanques.

On connaît toute l'importance attachée par le maréchal Lyautey à sa garde-robe; c'est un psychologue.

Dès qu'un homme de gouvernement bien harnaché nous plaît, nous sommes pris de l'envie irrésistible de tout lui sacrifier, c'est comme une épidémie de suicide. L'histoire du maréchal Lyautey, à cet égard, est exemplaire. Aucun gouvernement n'osa contrarier ses fantaisies les plus risquées; il fallut le danger de perdre non seulement le Maroc, mais l'Afrique du Nord tout entière, pour donner le courage au moins énergique de nos hommes d'Etat de le prier de prendre sa retraite.

Et, dans le fond, M. Lyautey est-il si coupable qu'on pourrait le croire de sa détestable conception de la colonisation? Tous ceux qui l'ont vu venir prendre son poste au Maroc en 1912 le croyaient capable de faire de grandes choses. Si l'on avait été un peu moins prêt à l'admirer tout de suite, avant d'attendre les résultats, peut-être aurait-il mieux fait. Mais l'adulation générale lui a donné, petit à petit, l'illusion qu'il savait tout, qu'il pouvait tout, que sa volonté suffisait à tout. Et bientôt son unique système de gouvernement consista à considérer et traiter en ennemi quiconque ne l'admirait pas, ne se rangeait pas à son opinion sans examen; il ne supportait pas le moindre retard, la moindre hésitation à exécuter ses ordres. Il chassa de son entourage tous ceux qui tentaient d'avoir des idées personnelles, même dans leur spécialité. Il acheta toute la presse et persécuta ou expulsa les rares journalistes indépendants.

Seul un dieu peut sans faiblir, sans faillir, assumer une telle autorité. Un homme, fatalement, y succombe.

Le caractère extérieur d'un « grand homme » est surtout fait des pensées idolâtrices accumulées de ses admirateurs. Chacun de ceux-ci fabrique, en imagination, son héros avec la matière la plus magnifique qu'il peut imaginer. Notre sens instinctif du divin nous fait attribuer aux hommes célèbres des qualités qu'on ne trouve presque jamais ici-bas, en réalité. Mais toutes ces formes-pensées composent autour du « grand homme » un agglomérat, une entité plutôt, qui, bien que factice et passagère, n'en est pas moins douée d'une existence réelle qui dure autant que dure le prestige de celui qui en est l'objet.

Dès que le prestige, cette chose aussi fragile que les âmes collectives des foules, disparaît, le « grand homme » reprend, aux yeux du monde, son apparence humaine et, par un phénomène constant de choc en retour, reprend non seulement son apparence humaine réelle, mais semble inférieur à lui-même, devient antipathique parce que ses pensées, habituées à se poser sur les autres en supérieur, ne trouvant plus un terrain propice, lui reviennent alourdies d'une force inemployée, destructive...

La force morale des chefs est presque toujours une force qui veut détruire pour asservir.

Tout dominateur est animé de l'esprit du mal, d'une volonté destructive, engendrée par un orgueil exacerbé ne souffrant aucun maître, aucun supérieur, aucun rival.

aucune résistance; toutes ses qualités sont mises au service de cet abominable orgueil qui ne vise, — si celui qui en est possédé n'est rien, — qu'à détruire ce qui existe, ou, — s'il est puissant, — qu'à abolir toute volonté chez autrui. Dans le fond, c'est ce même esprit satanique qui anime César, Robespierre, Napoléon, Mussolini, Lyautey, Ravachol, Henry, Bonnot et Garnier ou Nonce Romanetti : anarchistes ou bandits quand le Destin les fait naître au bas de l'échelle sociale, empereurs, proconsuls ou dictateurs lorsque le sort les favorise. Ce sont tous, en vérité, des anarchistes, niant la Fraternité (ou la Solidarité ou l'Harmonie, ce qui revient au même) universelle, n'admettant rien au-dessus d'eux : ni Dieu, ni maître, ni supérieur, ni loi, ni contrainte d'aucune sorte. L'église catholique, à ses débuts, a exactement symbolisé cet esprit du mal sous le mythe de Satan, ange déchu, qui possède toutes les qualités, tout le savoir, tous les pouvoirs divins, mais n'a pu se débarrasser de l'épouvantable péché d'orgueil. Satan, d'ailleurs, depuis, s'est bien vengé en faisant occuper par ses incarnations les hauts postes de l'église romaine (1).

Répétons, avec le conventionnel Anacharsis Clootz : *France, guéris-toi des individus!*

A.-V. D.

---

(1) En écrivant cette page, je songe à mon éminent confrère Jean de Pierrefeu, chez qui le contact des « grands chefs » militaires, pendant la guerre, causa un tel bouleversement qu'il dut publiquement, à l'encontre de tous ses intérêts, professionnels et de classe, en de beaux livres, honnêtes et courageux, libérer sa conscience.

C'est un devoir, à notre époque mercantile, de signaler un tel exemple chaque fois que l'occasion s'en présente.

TABLE DES MATIÈRES

LES IMPRIMERIES

Maurice FAUQUET

5, RUE CHAPON

PARIS-IIIe

TÉLÉPH. : ARCHIVES 24-22

9 782329 199474